Illustration de couverture :
La Liberté guidant le Peuple (détail),
Eugène Delacroix

Les loges de la République

ÉDITIONS DU MOMENT
26 avenue Marceau
75008 Paris
www.editionsdumoment.com

PIERRE LAMBICCHI
Écrit en collaboration avec Olivier Magnan

Les loges
de la République

LES ÉDITIONS DU MOMENT

INTRODUCTION

« Mon frère, êtes-vous franc-maçon ?

– Mes frères me reconnaissent pour tel. »

Ces quelques mots, rituel venu du lointain de nos origines, marquent, à chaque réunion, un voyage initiatique au sein du Grand Orient de France. Ce voyage, je vous invite à le partager avec moi. Je vous convie sans façon à la découverte de ce qui a toujours été une association, au sens le plus humain qui soit, mais une association pluricentenaire. Je vais vous expliquer ce qu'elle est et ce qu'elle n'est pas. Comment et pourquoi agissent ceux qui, entre eux, se nomment « frères », qui s'écrivent des « Cher F∴ » au nom d'un rituel si ancien que nous ne savons nous-mêmes plus toujours d'où il vient.

Puisque nous allons voyager ensemble, faisons connaissance. Je suis « grand maître » du Grand Orient de France, médecin cardiologue marseillais, constamment entre Paris et Marseille, entre mon bureau de la rue Cadet, siège de l'obédience, et mes patients quand je ne m'envole pas vers d'autres continents rencontrer les obédiences sœurs du Grand Orient.

Mais déjà j'emploie des mots rares alors que je suis tout le contraire d'un « littéraire » (j'écrirai pourtant ce livre comme un devoir, au sens fort de ce petit mot que les francs-maçons utilisent en conscience). Ces premiers vocables fleurent bon le temps des Lumières d'où ils sont issus. Grand Orient de France (GODF), grand maître, obédience... Je les distillerai tout au long des pages et ils vous deviendront familiers. Comme ils l'ont toujours été pour moi, quand, petit garçon, j'allais attendre mon père à la sortie de sa Loge, à Marseille. Je savais alors qu'une « Loge » avec un grand « L » pour ne pas la confondre avec celle de la concierge, était cette salle, ce local, que je décrirai, où se réunissent les francs-maçons guidés par un « rituel ». Des loges, il en existe des milliers partout en France, des centaines de milliers dans le monde. Elles se regroupent en multiples fédérations que l'on nomme obédiences. Comme celle du Grand Orient de France, **mon** obédience. Dont je suis, depuis septembre 2008, le grand maître et président du conseil de l'ordre, élu par le convent annuel des conseillers venus de toutes les régions. Contrairement à d'autres obédiences maçonniques, je ne serai grand maître que trois ans *a priori*, puisque nos règles électives exigent que le « patron » de la rue Cadet ne se maintienne pas plus longtemps. D'où, sans doute, le besoin que j'éprouve de publier ce témoignage. Le provisoire dernier « livre de grands maîtres » parmi ceux qui en ont écrits, au GODF. Des épais, des minces, des biographiques, des historiques, des politiques, des polémiques, des porteurs de messages.

Le mien sera un peu historique parce que je crois important de dire clairement d'où nous venons et en quoi nos « secrets initiatiques » ne sont pas si mystérieux. Bien sûr politique puisque les francs-maçons du Grand Orient, de tout temps, se sont investis dans la politique, dans l'amélioration de la société, leur raison d'être. Carrément polémique à l'encontre des nouveaux « fascistes » de la pensée qui voient encore la franc-maçonnerie comme une « pieuvre » malfaisante aux tentacules innombrables ou une « araignée » géante à la toile planétaire ! Quant au message du GODF, il est toujours aussi simple : liberté, égalité, fraternité. Des mots essentiels auxquels les francs-maçons ajoutent « laïcité ». Bref, l'éloge, sans cesse proclamé, vivifié, réinventé, de la République...

Le franc-maçon que je suis est né il y a soixante ans dans le tout petit appartement de ses parents, employés municipaux à Marseille. Au passage, ce *curriculum vitae* aura le mérite de rappeler comment le fils d'une famille modeste devait nécessairement rester socialement petit dans la France républicaine de l'après-guerre. Plus précisément, mon père fut employé au Canal de Marseille, ma mère à l'Assistance publique. Ces gens tout simples avaient simplement été résistants. Mon père Émile passa cinq ans prisonnier en Allemagne au camp de Rawa Ruska. Ma mère blessée fut arrêtée par la Gestapo. Bref, le genre de Français qui n'avaient pas trop de mal à répondre à la question vérité : « Qu'as-tu fait pendant la guerre ? » Ils ont reçu ma venue au monde tardive comme une sorte de récompense. Je ne sais si j'en fus une, mais tout fils unique que je fus, je pense ne pas leur avoir causé de trop gros soucis. En tout cas, ma jeunesse fut heureuse entre ce père âgé que j'accompagnais aux réunions de la section socialiste et cette maman plus jeune qui m'encourageait à aller le chercher à la sortie de sa tenue (réunion) maçonnique[1]. À cette époque, la maçonnerie rimait pour moi avec visites, repas entre familles, colis aux personnes âgées. Le soir, souvent, mon père rédigeait ses planches (exposés en loge), je faisais mes devoirs. Que voyais-je de cette fraternité ? Que le soir, mon père n'allait pas au bistrot mais à des réunions de sa loge. Que pour mon oncle et mon grand-père maternels, eux aussi francs-maçons, les loges étaient des ascenseurs sociaux. Et pas, comme le serinent les nouveaux « vichystes », par copinage ou passe-droit. Simplement parce que ces gens avaient une haute idée de la nouvelle cohésion nationale qui se restaurait.

Le fils d'ouvrier que j'étais aurait dû, selon sa fatalité de classe, finir sa scolarité au terme du cycle primaire. Il en

---

1. Les principaux vocables du vocabulaire maçonnique sont définis plus en détail en annexe de l'ouvrage.

était ainsi au cœur de cette République dont l'école avait failli. Pour aller plus loin, il m'a fallu passer le concours d'entrée au cours complémentaire. De quoi pousser les « petits choses » comme moi jusqu'en troisième. Mais là, bouchées doubles. En quatre ans, nos « instits », le plus souvent communistes, à la tête de classes de plus de cinquante-cinq mômes, nous apprenaient ce que le lycée enseignait sur huit ans. Au prix d'une discipline de fer. Il n'empêche que l'élève moyen que j'étais, à la fin de la troisième, était bon pour le « parc à bestiaux ». Mon destin : aide-comptable. C'était normal. Pas aux yeux d'un ami de mon père, un frère de sa loge. Alors ma famille, à coups de sacrifices, me paie une école religieuse mariste. Entre-temps, mon père m'avait fait protestant. Il faut appartenir à quelque chose, m'avait-il expliqué. Il est vrai que l'école républicaine demandait sur les fiches d'élève, à chaque rentrée, à quelle religion on appartenait. Va pour le protestantisme. Au fond, une religion passablement maçonnique dans l'esprit. Il n'empêche qu'à quinze ans, je ne croyais pas en un dieu.

Rescapé du parc à bestiaux, je me retrouvais enfermé... dans l'école des riches. De cette époque date mon incompatibilité avec les bourgeois. Mais l'école, pour moi, continuait le samedi après-midi. La loge organisait des cours gratuits de soutien. On y apprenait un peu de tout. Assez pour me porter jusqu'au baccalauréat et Mai 68.

À Marseille, ce fut sans heurt. J'avais le titre pompeux de responsable des affaires extérieures du lycée Thiers de Marseille, rebaptisé « La Commune » par les lycéens « révolutionnaires ». Ce fut l'époque des harangues dans les usines. Nous vivions une communauté exceptionnelle. Pour moi, Mai 68 a coïncidé avec l'arrivée de la Cocotte-minute dans les familles modestes. Pensez ! On cuisait la daube en vingt minutes ! Sauf que cette année-là, on avait enlevé la soupape. La vapeur fusait à l'image des piètres révolutionnaires que nous n'étions pas, désireux de respirer dans un pays où les élections étaient libres.

Que voulais-je faire ? Du droit, faute de passer des concours administratifs annulés, de préparer ma petite vie peinarde. Mais voilà qu'un médecin, un généraliste, me donne envie de tenter la médecine. Je « monte » à la faculté après avoir demandé à ma mère l'argent pour l'ins-cription. Au retour, je trouve mon père catastrophé. Son fils, médecin ! L'ouvrier du Canal n'y avait jamais songé. Alors que l'idée de soigner les gens me portait. Enfin, on m'apprenait quelque chose de réel, d'utile. Quand Émile Lambicchi a subi un infarctus, comment s'étonner que je me retrouve médecin réanimateur... Je passe les concours avec avidité, comme si je devais faire mes preuves plus que les autres.

Et la franc-maçonnerie ? Je savais que je la rejoindrais un jour. Ça n'avait rien d'urgent. En 1976, un ami de mon père, servant de loge, me rappelle qu'il est temps de retrouver la « société », la vraie. Pas la mienne, le monde médical marseillais, mais celle que réunissent les loges, des gens venus de partout, des gens avec lesquels je n'aurais jamais pu échanger. J'entre alors dans l'obédience qui correspondait le plus à mes valeurs, liberté, égalité, fraternité, laïcité, le Grand Orient de France. Ma vie est heureuse. Je me marie en 1974. Ma femme m'a donné deux belles enfants. Je suis un « cardio » plein d'avenir. Un jour de 1983, à quatorze heures quarante-cinq, le médecin sûr de lui, prétentieux, reçoit un appel téléphonique. Ma femme, ostéopathe, qui se rendait à un congrès, vient de se tuer en voiture. Et me voilà, à trente-trois ans, comme une loque, sur le trottoir.

Voilà à qui vous avez affaire : un homme ordinaire auquel ses parents, ses enfants, sa femme, ses frères francs-maçons ont offert une vie dont je me suis emparé, ou plutôt à laquelle je me suis offert. Ce qui a précédé mon élection à la « grande maîtrise » comme nous disons, celle du Grand Orient, relève du parcours classique d'un frère d'abord apprenti puis compagnon enfin maître, en quelques années. Pour ma part j'ai été élu vénérable − autrement dit patron − de ma loge. Puis grand orateur (celui qui garde la règle et l'esprit maçonniques), soit un premier mandat au sein du conseil de l'ordre, de 1991 à 1994. Au terme de ce mandat de trois ans, je suis redevenu frère parmi les frères, avec mon grade de maître, car au Grand Orient les élus ne sont ni inamovibles ni honoraires. Ils se fondent dans la société fraternelle en attendant d'autres mandats, s'ils en briguent. C'est en 2004-2005 que j'ai ressenti le besoin de reprendre des initiatives nationales. Nous étions nombreux à estimer que l'obédience se préoccupait alors davantage de gestion matérielle et moins de rêve en marche. Il faut gérer bien sûr une obédience dont les « capitations » (ce que versent les frères à ce qui demeure une association loi 1901) constituent d'importants budgets de fonctionnement que doivent administrer au mieux le grand maître et ses adjoints. Mais à condition de toujours veiller à ne pas se limiter à leur rôle de financiers gestionnaires. J'ai voulu alors intervenir pour contribuer à restaurer la vraie mission d'une obédience maçonnique adogmatique – je reviendrai sur cette épithète capitale : défendre la République, veiller à son esprit, l'humanisme. Ma région elle-même souffrait d'une représentativité qui, à mes yeux, trahissait sa réalité spirituelle. La suite est affaire d'élection d'un nouveau conseil de l'ordre qui à son tour m'a désigné grand maître.

Depuis un an, j'ai mis en œuvre mon programme et ses axes, de la laïcité parfois malmenée à l'éthique de la dépendance de fin de vie en passant par les valeurs qui me guident et animent les francs-maçons du GODF. Je sais

qu'au terme de mon mandat, tout comme mes prédécesseurs, je n'aurai pas accompli la « grande œuvre » dont
rêve tout grand maître. Mais je sais que j'aurai travaillé
beaucoup. Le mot « travail » est noble en franc-maçonnerie. Il désigne les faits et gestes du maçon pour le progrès
de la société, et la transformation qu'en tant qu'individu,
homme et femme parmi les hommes et les femmes, le
frère ou la sœur a accomplie en son for intérieur. C'est au
fond ce « travail » auquel je vous convie. En refermant ce
livre, rassurez-vous, vous ne serez pas franc-maçon, mais
si je vous ai donné envie d'en savoir plus sur le Grand
Orient de France, j'en serais heureux, même si mon but
n'est pas prosélyte. En franc-maçonnerie, le passé explique
le présent qui se vit vers l'avenir. C'est le rythme que j'ai
choisi de donner à ce petit livre. Quelque peu instruit du
pourquoi de nos rites, de notre secret d'appartenance que
justifient la violence et la bêtise, vous saurez ce que nous
sommes dans nos loges du Grand Orient, et la raison pour
laquelle, toujours, des maçons adogmatiques veillent à
préserver des idées de lumière contre les tentations totali-
taires.

Pourquoi ce franc-maçon précise-t-il toujours « adogmatique » et « Grand Orient »? C'est ce que vous vous
demandez? Simplement parce que, pour une fois, clairement, sans sectarisme ni haine, je veux affirmer ici que la
franc-maçonnerie que j'anime, à laquelle j'ai donné mon

cœur, la seule qui à mes yeux remplisse avec honneur et droiture sa mission parmi les hommes pour les aider à s'améliorer, pour les protéger et les faire grandir, s'incarne dans mon obédience, le Grand Orient de France. Ou dans celles qui partagent cette vision libérale adogmatique, c'est-à-dire délivrée de toute référence obligatoire à un « Grand architecte de l'Univers », formule pour ne pas dire « Dieu ». Ce sont principalement la Grande Loge Féminine de France et la Fédération Française du Droit Humain (une obédience mixte).

Les autres obédiences dites « régulières » (j'expliquerai pourquoi cette appellation), comme la Grande Loge Nationale Française (GLNF), ne nous reconnaissent pas. J'en suis paradoxalement satisfait. Car les faits sont têtus : il n'est guère étonnant, mais désolant, que ces « francs-maçons » dont l'objectif premier n'est pas directement l'amélioration de la société, recrutent dans leurs rangs l'immense majorité de ceux dont on retrouve la triste trace dans les affaires de toute sorte qui alimentent les livres antimaçons.

Il n'est peut-être pas maçonniquement correct d'écrire que la franc-maçonnerie n'est pas, n'a jamais été, une société fraternelle unique et bienveillante. Il n'est pourtant pas admissible, pour le grand maître du Grand Orient de France, que les petites chroniques des journaux qui se nourrissent des affaires réputées tordues de la maçonnerie créent l'amalgame entre toutes les obédiences. Tout franc-maçon convaincu de vilenie, n'appartenant pourtant pas au Grand Orient, entache l'image du Grand Orient. C'est insupportable.

Les portes que je vous ouvre sont celles d'une maçonnerie de gens honnêtes dans leur immense majorité, avec leurs défauts d'hommes et leurs limites. Mais emplis d'un idéal. Construire, par la méthode maçonnique, une société pour les hommes, par les hommes. Ce que je vais vous décrire participe du combat de ma vie et de celles de centaines de milliers de frères.

PASSÉ

I

L'OUVERTURE DU TEMPLE

— Frère Premier surveillant, êtes-vous franc-maçon?

— Mes frères me reconnaissent pour tel, Vénérable Maître.

— Frère Second surveillant, quel âge avez-vous?

— Trois ans, Vénérable Maître [1]

— Frère Premier surveillant, quel est le premier devoir d'un surveillant en loge?

— Vénérable Maître, c'est de s'assurer que le temple est couvert.

— Veuillez vous en faire assurer par le Frère couvreur.

— Le temple est couvert, Vénérable Maître.

— Frère Second surveillant, quel est le second devoir des surveillants de loge?

— Vénérable Maître, c'est s'assurer que tous les membres présents sont membres réguliers de la loge ou visiteurs connus.

— Debout et à l'ordre, mes Frères.

_____

1. À cette question rituelle, l'intéressé répond par le nombre d'années du grade

Non, il ne s'agit pas d'un dialogue de moines, encore moins de l'extrait d'une quelconque fiction de télévision sur les templiers. Vous êtes par la pensée dans l'un des temples du Grand Orient de France, au XXIe siècle. Ces paroles sont prononcées par moi-même si je préside la tenue qu'elles ouvrent, ou par un autre vénérable au sein de l'une des mille deux cents loges de notre obédience, en France. Le Grand Orient est une fédération de rites. Qu'est-ce qu'un rite? Les gestes et les paroles quasi immuables que la franc-maçonnerie a choisi de pérenniser au fil des siècles à travers leurs variantes. Au Grand Orient, au nom de l'ouverture, toutes les patentes originelles coexistent au sein des loges : rite écossais rectifié, rite écossais ancien et accepté, émulation, rite d'York, rite Memphis Misraïm et rite français créé en 1728. Lequel est le rite officiel, administratif, de l'obédience, et le plus pratiqué.

Pour l'heure, qu'il me suffise d'écrire que ce rituel, plus sûrement que n'importe quelle discipline mentale individuelle, prépare ceux qui le perpétuent au travail, aux échanges, qui vont se dérouler dans le « temple » qui les accueille. Un temple? Nous ne sommes ni protestants ni... templiers. Notre « religion » est celle de l'homme. Entrent dans cette salle au décor particulier des apprentis, des compagnons et des maîtres qui fréquentent ou non l'église de leur choix s'ils sont croyants, en dehors de leurs tenues au Grand Orient. Là, au temple maçonnique, athées ou agnostiques, protestants, catholiques, juifs, musulmans, libres penseurs sont adogmatiques. Contrairement aux loges des obédiences dites régulières où l'impétrant doit affirmer *a minima* sa croyance en un « principe créateur », ils jouissent d'une liberté de conscience absolue. Et ils se préparent, en obéissant au rite, à s'écouter et à échanger.

« Ils » ? Oui, le Grand Orient de France est une société d'hommes exclusivement. Ailleurs, dans d'autres obédiences, des tenues semblables, au sein des loges, réunissent des hommes *et* des femmes, comme au Droit Humain. La Grande Loge Féminine de France, autre obédience adogmatique et libérale, créée en 1945, n'accueille que des femmes. Avec les deux autres grands maîtres, Michel Payen pour le Droit Humain et Yvette Nicolas, grande maîtresse de la GLFF, nous formons un trio d'amis. Notre but : promouvoir la franc-maçonnerie libérale et adogmatique. Rien que de très historique. Au XVIIIᵉ siècle et *a fortiori* un siècle avant, à l'aube de la franc-maçonnerie dite « spéculative »[1], les femmes étaient hélas censées ne guère penser, ne pas philosopher, ne pas mener la société. Que nos ancêtres maçons à ce point misogynes et machistes en soient confondus : il n'était pas en leur pouvoir – ni en leur volonté – de changer sur ce plan le cours

---

1. Par opposition à la maçonnerie opérative, celle des artisans maçons, les bâtisseurs, dont l'organisation de métiers et les usages professionnels ont laissé des traces dans notre vocabulaire. Le distinguo entre maçonnerie opérative et spéculative s'est amorcé à partir de 1640.

des choses. Au XXIe siècle, alors que bien sûr les femmes ont toute liberté pour rejoindre une obédience mixte ou exclusivement féminine – juste retour des choses –, une majorité de maçons continuent à agir « entre hommes ». J'ai, sur ce point, pris position. Mes propositions figurent dans ce livre sous la forme d'une parole d'avenir.

Pour l'heure, je vous convie à revenir au temple.

Voleurs de bonheur

Pendant dix, quinze minutes, le vénérable maître et les frères dits « officiers », élus pour tenir une charge précise, se sont ainsi appelés, répondu, jusqu'à ce que le maître, par un coup de son maillet, ait donné la parole au frère à qui l'ordre du jour confère le soin de s'exprimer sur un sujet déterminé. Il lit alors sa planche, autrement dit son exposé (on dit aussi « morceau d'architecture »), dans un silence total. Tout ce jeu de rôles n'a plus rien de secret, si tant est qu'il le fut jamais, même si la majorité d'entre vous, lecteurs non maçons, en découvrent certainement l'écho pour la première fois. Que n'a-t-on pas dit sur ces rites, peut-être anachroniques mais pourtant si « révolutionnaires » dans leur accomplissement et leur cadre ! Car même si un temple maçonnique n'a nul besoin de décorum pour exister (un simple tapis de loge au dessin symbolique suffit à transformer une arrière-salle de bar ou une salle à manger en temple), ceux que vous visiterez si vous le souhaitez rue Cadet à Paris – où partout ailleurs en France et à l'étranger – offrent un cadre atypique. « L'homme y passe à travers des forêts de symboles qui l'observent avec des regards familiers » a composé Charles Baudelaire en *Correspondances*[1]. Un vers de franc-maçon, puisqu'il l'était! La porte franchie, vous passerez entre deux colonnes. Prendrez place sur des rangées de sièges perpendiculaires à la porte que sépare une travée plus ou moins large, au sol de laquelle est carrelé le damier maçonnique et que ferme au bout de la travée l'estrade (l'Orient) où prendront place les maîtres de la cérémonie. Les frères surveillants, le frère hospitalier, le frère couvreur (qui ouvre et ferme le temple, alors dit « couvert »), le frère orateur (gardien de la loi de la loge), le maître des cérémonies et d'autres officiers tel le frère grand expert, garant de la « police » de la réunion, déroulent le rituel. Les frères surveillants remontent et descendent une fois la travée centrale, le regard tourné vers l'assemblée, avant de répondre à la question préalable du vénérable maître : « Frère Premier surveillant, Frère Second surveillant, assurez-vous que tous les Frères rangés devant vos colonnes sont membres réguliers de la loge ou visiteurs connus. » Leur inspection terminée, le Premier surveillant dira :

---

1. *La Nature est un temple où de vivants piliers [Laissent parfois sortir de confuses paroles; [L'homme y passe à travers des forêts de symboles [Qui l'observent avec des regards familiers.*

« Vénérable Maître, les Frères qui décorent l'une et l'autre colonne sont membres réguliers de la loge ou visiteurs connus. » Debout à l'estrade, le vénérable répondra : « Il en est de même à l'Orient », signifiant l'Est où il se tient – l'Orient désigne de même l'emplacement de la loge dans la ville.

Aux murs, au plafond, sur les colonnes, selon la « thématique » du temple, veillent les « symboles », la lune et le soleil au temple Arthur Groussier – l'un des vingt temples du siège du Grand Orient –, bien sûr l'équerre et le compas, omniprésents en franc-maçonnerie, enserrant la lettre majuscule « G » objet de bien des interprétations, ou encore les cocardes du temple « révolutionnaire » Lafayette. Quand le temps du travail est venu – invariablement midi, temps universel du rite [1], – je peux vous affirmer une chose qui se renouvelle pour moi depuis que j'ai été initié, et que partagent tous les frères : nous avons vraiment coupé avec l'extérieur, avec nos pensées parasites, avec le monde que nous avons laissé à la porte du temple. Nous sommes entrés dans un autre temps. Nous avons basculé sur « *on* » quelque chose dans nos cerveaux. C'est tout simple et indicible à la

---

1. Il est marqué par ces paroles : « *Frère Premier surveillant, à quelle heure les francs-maçons ouvrent-ils leurs travaux ? – À midi, Vénérable Maître. – Quelle heure est-il, Frère Second surveillant ? – Il est midi, Vénérable Maître. – Puisqu'il est l'heure du travail, Frère Premier surveillant, Frère Second surveillant, invitez les Frères de vos colonnes à se joindre à vous et à moi pour ouvrir les travaux de la respectable loge Unetelle.* » Les mêmes paroles clôturent tout aussi invariablement la tenue à un minuit symbolique.

fois. Sans doute nos lointains aïeux fondateurs, inventeurs de la franc-maçonnerie ont-ils intuitivement découvert ce déclic mental qui prépare, qui concentre, qui apaise, qui rassure, qui change nos ondes cérébrales. On dit que la tenue a créé alors un égrégore, notion ésotérique d'esprit de groupe, entité psychique, force née des désirs et des émotions. Rien de sorcier dans tout ça, un peu de gymnastique mentale pratiquée en commun, mais tellement efficace pour se préparer à écouter et à réfléchir. Là est le seul, l'unique « secret » maçonnique : cette émotion sera propre à chacun, intransmissible, indescriptible, vécue par l'âme. Des réunions de travail, en entreprise, empruntent parfois à des petits rituels autrement moins longs – heureusement – et moins élaborés. Les nôtres plongent dans une « méthode » et un protocole aux racines profondes, aux effets éprouvés. Nous nous plaçons en communion. Perpétuels chercheurs, nous sommes des voleurs de bonheur, car une tenue ne ressemble jamais à la précédente ni à la suivante. Chacune fait vibrer quelque chose en chacun de nous et change notre perspective des êtres et des choses.

Vous voilà instruits d'un secret tout simple mais qui à lui seul a suscité des préventions et des condamnations imbéciles.

L'étincelle de la République

Pour accéder au temple et passer le contrôle – effectif – des frères surveillants, vous devrez avoir été « initié ». Je sais bien que ce simple mot renvoie à des fantasmes sectaires qu'ont exploité jusqu'à l'ignoble les antimaçons de toutes les époques. En quoi consiste cette fameuse initiation ? Là encore en un rituel pluricentenaire, avec son vocabulaire d'une autre époque, lequel fait sourire les esprits avisés qui n'entreront jamais en maçonnerie. S'il perdure ainsi, ce rituel, c'est que l'engagement qu'il scelle mérite le respect.

L'on devient franc-maçon pour toute sorte de raisons, y compris les plus mauvaises – simple curiosité, fantasmes de pouvoir ou d'avantages. Mais l'on y reste pour les meilleures. La franc-maçonnerie adogmatique et libérale est une société humaine attachée à des valeurs morales et spirituelles. Rien n'y personne ne vous y enchaîne, ne vous y culpabilise, ne vous menace de l'enfer ou de ses succédanés. Il ne vous est pas davantage promis le paradis et ses clones. Vous restez libre de quitter cette société à tout moment. Et au besoin, on vous y aide : bon vent si vous n'y trouvez pas ce que vous pensiez y trouver. Les auteurs de l'un des nombreux livres écrits pour démythifier la maçonnerie disent d'elle qu'elle est l'une des plus anciennes et des plus populaires du monde, qu'elle est la plus mal comprise et la plus visible[1]. Ces superlatifs résument parfaitement les paradoxes de cette société de pensée dont l'objectif fort peu modeste a toujours été et sera toujours le perfectionnement de l'humanité. Cherchez du côté des religions, des sectes, des partis, des gouvernements ou des associations humanitaires : rien ne lui ressemble, rien n'a jamais été aussi efficace pour le bien de l'homme. La franc-maçonnerie adogmatique réunit des gens qui ne partagent pas les mêmes croyances, des gens aux projets politiques divergents, étrangers aux dogmes. Elle est une société en permanence à la recherche du plus juste, du plus beau, fondée sur l'égalité. Elle est la seule qui prône en actes la liberté, la fraternité, l'égalité, l'assistance mutuelle, ce qui n'empêche pas les frères maçons de partager avec tout un chacun tous les défauts humains ! Nous ne sommes pas des saints, nous sommes des hommes de bonne volonté riches d'une méthode. À quoi a-t-elle abouti ? Mais à la République, rien de moins, la française et les autres, en en pensant les prémices. En pensant l'homme comme un individu. En ensemençant d'idées les

---

1. *La franc-maçonnerie pour les Nuls*, Philippe Benhamou et Christopher Hodapp, First éditions, 2008. Que cet ouvrage ait été conçu et rédigé par un frère de la Grand Loge de France, obédience qui fait de la croyance minimale en un « Grand Architecte de l'Univers » un prérequis d'adhésion (étranger au Grand Orient de France), ne m'empêche pas de le citer, même si, à cause de ce prérequis, les auteurs ont commis une faute énorme dans leur présentation : ils affirment que la franc-maçonnerie en général exige « *simplement* » de ses membres qu'ils acceptent « *un principe créateur* ». Mais non ! La franc-maçonnerie telle que la vivifie le Grand Orient de France n'exige rien de tel de ses adhérents, que la libre expression de leur conscience...

courants qui allaient aboutir aux révolutions sociétales. La franc-maçonnerie ne revendique pas la Révolution française en tant que telle. Ce n'est nullement un complot maçonnique − fût-il « éclairé » − qui a renversé les rois et proclamé la démocratie (du reste, la franc-maçonnerie a été décimée par la Révolution). Mais ce sont bien les francs-maçons du siècle des Lumières qui ont, par le fruit de leurs réunions fraternelles, amorcé le changement progressif des idées. Celles-là mêmes qui ont fait plus tard le lit de la République.

Non, certes, il n'y avait pas un Jean-Jacques Rousseau dans chaque loge d'avant la Révolution française ! Mais de chaque loge avec ses rituels bizarres jaillissaient des idées neuves, généreuses, nées du travail spirituel de ces frères égaux entre eux qui voyageaient dans le monde entier. Tel un organisme vivant en mutation, ces courants s'entrechoquaient, se confrontaient, s'opposaient, multipliaient les expériences. Jusqu'au moment, en plein XVIIIe siècle, où le Grand Orient de France, incarnation des « Modernes » contre les « Anciens », fixa la vision la plus libertaire de la franc-maçonnerie : il se constitua en association de loges où le pouvoir vient du bas pour alimenter le haut − le marketing moderne en a redécouvert le principe efficace en le nommant *bottom up*. Où la règle absolue de désignation des dirigeants est celle du vote − jamais aucune nomination. Et qui a rompu avec les ordres maçonniques restés ancrés à la croyance en Dieu au profit de la liberté absolue de conscience.

Cette réalité historique, en tant que grand maître du Grand Orient de France, je la revendique, je la protège, je l'affirme, y compris contre les obédiences restées fidèles à la croyance religieuse d'origine de la franc-maçonnerie. Je puis affirmer pourtant que « ma force est en DIEU ». À condition que j'aie le droit d'en faire un acronyme : Démocratie. Initiation. Europe. Union.

Pour comprendre, cher profane, d'où me vient ce souffle revendicatif, force est de me transformer, le temps d'un chapitre, en ce que je ne suis surtout pas, un historien. En vous donnant ma vision d'une franc-maçonnerie allégée de vain ésotérisme et de filiations imaginaires, j'ai l'ambition de vous rendre plus familier ce temple de l'esprit.

VOYAGE INITIATIQUE

En conservant le voyage symbolique, les loges du Grand Orient ne font que placer le profane, futur néophyte – l'apprenti – dans une tension mentale susceptible de solliciter pleinement sa conscience. L'effet d'une initiation puis des tenues qui vont se succéder varient bien naturellement d'une personne à l'autre. Il arrive même que le francmaçon fraîchement initié n'en ressente la plénitude que quelques jours, quelques mois, voire quelques années après. Il s'agit toujours d'une expérience intime, indescriptible, donc décevante ou éblouissante selon les individus. Contrairement aux méthodes des sectes – ou de certains partis –, le cheminement maçonnique parle à l'intelligence, non aux réflexes conditionnés.

En voici, chose rare dans un ouvrage destiné au grand public, un aperçu du déroulement.

– Qui frappe ainsi régulièrement à la porte du temple ?

– C'est un profane qui demande à être reçu maçon s'il en est jugé digne.

– Faites entrer le profane (les yeux bandés – sous le bandeau –, il entre courbé ou à genoux, guidé par des officiers. Il a passé auparavant un temps suffisamment long dans la « chambre de réflexion » où il rédige son « testament philosophique » — *lire glossaire*).

Il est arrêté une première fois dans son cheminement.

— Monsieur, cette épée que vous sentez contre votre poitrine est toujours levée pour punir le parjure. Elle est le symbole du remords qui déchirerait votre cœur si vous deveniez traître à la société dans laquelle vous voulez entrer. Est-ce de votre propre volonté, en pleine liberté que vous vous présentez parmi nous ?

— Oui.

— C'est une institution qui ne procède que d'elle-même. Elle prend sa place dans la raison. Persistez-vous toujours dans vos intentions ? Êtes-vous bien déterminé à vous soumettre aux épreuves, quelles qu'elles puissent être ?

— J'y consens.

— En ce cas, fiez-vous à la main qui va diriger vos pas, mais comme il serait imprudent de s'imposer des obligations dont on ne connaîtrait pas l'étendue, il est de la sagesse de cette respectable assemblée de vous dire quels seront vos devoirs si elle vous admet dans son sein. Le premier est un devoir absolu de secret sur tout ce que vous pourrez entendre et découvrir parmi nous, ainsi que tout ce que vous verrez et saurez par la suite. Je dois exiger de vous un serment prêté sur la coupe des libations.

— Frère Grand Expert, faites approcher le profane, et vous, maître des cérémonies, apportez la coupe des serments. Présentez la coupe au profane. Prononcez avec moi le serment...

— Je m'engage sur l'honneur au silence le plus absolu sur tous les genres d'épreuves qu'on pourra me faire subir...

Puis le « voyage initiatique » reprend ponctué de pauses où le rituel se répète. Il a été maintes fois publié, mais il est préférable, pour la spontanéité même des futurs initiés, qu'ils en découvrent par eux-mêmes la symbolique. Enfin le bandeau est ôté :

— Mes Frères, nous allons donner la lumière au profane. Frère Grand Expert, préparez-vous à accomplir votre office. Que la lumière soit donnée à mon troisième coup de maillet.

Désormais, le nouveau franc-maçon au grade d'apprenti assistera aux tenues de sa loge où il gardera le silence, un an ou deux, jusqu'à son admission au grade de compagnon. Bien entendu, toute la mise en scène, les objurgations au silence et les menaces proférées en cas de parjure relèvent du pur symbolisme. Même à l'origine de la franc-maçonnerie, ces paroles étaient purement ritualisées. Ce qui n'a nullement empêché les entreprises de haine antimaçonniques de faire croire qu'elles pouvaient être prises au pied de la lettre.

II

LES LUMIÈRES DU XVIIIe SIÈCLE

Au milieu de l'anachronisme si moderne de nos décors et autres rituels, s'imposent des objets maçonniques bien connus des profanes comme l'épée supportée par le cordon ou le tablier. Et pour cause. À l'origine, et sous la IIIe République encore, les maçons affichaient ouvertement leur appartenance à leurs obédiences. Sans aller jusqu'à l'exubérance de nos frères américains, volontiers bardés de leurs symboles maçonniques sous forme de gadgets épinglés à leurs vêtements et de cartes de membres, nos aïeux défilaient avec plaisir sous leurs bannières, leurs tabliers noués autour de la taille, épées au côté.

Bien sûr, la franc-maçonnerie a franchi les siècles avec armes et bagages... du XVIIIe.

Mais pour une société fraternelle prônant l'égalité et la fraternité, quels curieux symboles que ces épées, insignes inattendus d'une noblesse fort peu républicaine !

Elles sont pourtant le souvenir parfait de l'espèce de miracle social qu'ont accompli les inspirateurs de la franc-maçonnerie. C'est à partir de cette histoire de « capes et d'épées » que je vais vous brosser à grands traits l'histoire de ce fascinant mouvement de pensée né en Écosse et en Angleterre, puis qui a fini par trouver son propre sens en France. Je le répète, je ne suis pas historien. Mais le Grand Orient de France est consubstantiel à l'histoire. Rue Cadet, une magnifique bibliothèque se montre suffisamment riche pour offrir aux lecteurs curieux – maçons ou pas – tous les compléments qu'appelle mon exposé succinct.

Donc, pourquoi l'épée? Mais parce que la franc-maçonnerie est née de l'ouverture d'esprits éclairés, nobles ou pas, gentlemen écossais et anglais du XVIIe siècle d'abord, qui ont cassé un tabou de classe en se réunissant sans préoccupation de castes pour parler et agiter des idées nouvelles. Telle l'égalité entre les hommes. Or comment parler d'égal à égal quand de tels signes d'appartenance sociale vous distinguent? Comme nos brillants penseurs bardés de titres nobiliaires ne pouvaient laisser leurs signes extérieurs de noblesse au vestiaire, ce sont ceux qui ne portaient pas l'épée qui l'ont adoptée, avec l'écharpe – le cordon – qui la supportait. Ainsi indiscernables par le « look », comme disent mes filles, les premiers francs-maçons avaient-ils amorcé les gestes révolutionnaires, traduction de leur liberté, qui allaient aboutir à une transformation humaniste. De la maçonnerie opérative nous reste ainsi le tablier des tailleurs de pierre.

Que n'a-t-on pas écrit, inventé, sur l'origine magique, immémoriale, mythique, mais légendaire de la franc-maçonnerie spéculative? Aujourd'hui plus que jamais, des frères et des sœurs se livrent sans relâche à des travaux de recherche et d'érudition qu'admire le scientifique que je suis. Mais qu'ils me pardonnent si j'avoue que ma « religion », sur ce point, est faite : bien heureusement, la plupart des historiens en ont rationnellement fini avec les billevesées d'une franc-maçonnerie aussi vieille que le monde, tour à tour née dans l'ancienne Égypte, portée dans la Jérusalem biblique, héritage des templiers... Mon confrère médecin et historien Roger Dachez et ses collègues ont enfin tordu le cou aux écrits fantaisistes du XIXe siècle au détour des années soixante-dix dans lesquels les contempteurs de notre société de pensée se sont engouffrés pour y trouver de prétendus complots et autres messes noires![1]

J'aime sur ce point faire simple au risque de présenter les faits de façon très raccourcie. Aux débuts du XVIIIe siècle, sont apparues sans doute des « loges fondatrices », porteuses des noms des tavernes où elles se réunissaient – L'Oie et le Gril ou Le Gobelet et les Raisins...

---

1. Les lecteurs curieux et attentifs à la méthode historique scientifique satisferont leur attente largement par la lecture de la synthèse que Roger Dachez a publiée sous forme de Que sais-je, aux Puf (*Histoire de la franc-maçonnerie française*, 2003).

Les artisans et les petits commerçants qui les composent se préoccupent surtout d'entraide et de bienfaisance à une époque où les gens de condition modeste ne pouvaient compter que sur cette solidarité humaine face à la maladie et à la mort. Il s'agit non pas des débuts d'une maçonnerie spéculative, sans doute bien plus ancienne encore, en tout cas des premiers témoignages d'une forme organisée de maçonnerie avec ses Grandes Loges, ses apprentis, ses compagnons, ses maîtres. Tournée vers l'homme. Pourquoi avoir ainsi calqué les noms de métiers et les organisations professionnelles des corporations de tailleurs de pierre du XIe siècle (quand les maçons itinérants, d'un chantier de cathédrale à l'autre, vivaient en communauté d'entraide et de savoirs, dans les « loges » de bois qu'ils établissaient sur leurs chantiers) ? Je ne sais, mais me rallie intuitivement aux travaux modernes de Dachez et consorts. Ils montrent que la « théorie de la transition » ne tient plus face aux documents – ou leur absence. Cette théorie veut que des gentlemen et des nobles, « acceptés » dans les réunions des héritiers des bâtisseurs, se soient peu à peu imposés, porteurs d'une pensée fraternelle et d'idées nouvelles. Or il semble bien que la page de la maçonnerie opérative soit déjà tournée quand les « loges » des francs-maçons dits spéculatifs s'organisent au XVIIe siècle. La thèse dite de « l'emprunt » s'impose donc : cette maçonnerie de *free massons* en deux mots (maçons libres, et non maçons spécialistes de la taille de la *freestone* – la pierre franche des sculpteurs, comme on l'a soutenu) est, comme l'écrit Roger Dachez, « un phénomène original et nouveau [...] dans le climat politique et religieux alors complexe et troublé de l'Angleterre [...] [L]es premiers maçons spéculatifs [...] auraient alors délibérément emprunté certains usages connus pour avoir appartenu, jadis, aux loges de maçons opératifs. »[1] Autrement dit, si nos symboles égyptiens, bibliques, religieux gardent plus que jamais un sens et sont le support de notre méditation, c'est au nom de la pensée humaniste que les francs-maçons du XVIIIe siècle et leurs successeurs y ont inscrite, et pas du tout en celui d'un héritage mystique du lointain passé qui nous échappe totalement[2].

Au passage, j'invite les amateurs d'« histoire romantique de la franc-maçonnerie » (l'expression est de Roger Dachez) à renoncer à deux fausses pistes pour l'origine de notre ordre initiatique que sont le compagnonnage – organisation d'artisans, passionnante dans son esprit et toujours active à travers les associations de Compagnons du devoir – et l'Ordre du Temple. Et même si, le pense Dachez, la Rose-Croix, organisation secrète mystique, a inspiré ne serait-ce que des appellations de grades dans la

---

1. *Histoire de la franc-maçonnerie française, op. cit.*
2. Le travail sur le symbole occupe bien des maçons, y compris dans nos loges, et constitue même l'essentiel de l'activité intellectuelle – aux fins de développement personnel – de bon nombre des obédiences étrangères au Grand Orient de France.

maçonnerie française – chevalier ou souverain prince Rose-Croix –, il s'agit sans doute d'un mythe créé de toutes pièces sur le modèle maçonnique.

Comme le présent et nos travaux effectifs constituent davantage ma « tasse de thé anglais » que le passé lointain, j'espère ne pas choquer mes amis historiens ni notre conservateur en chef rue Cadet, Pierre Mollier, en égrenant rapidement les dates clés qui ont abouti à la création du Grand Orient de France. Vous aurez ainsi sous les yeux le panorama rapide de la maçonnerie française d'idées qui seule m'importe.

Diversité maçonnique

Les historiens sont d'accord : c'est, vers 1660, l'exil de James II en France, suivi par ses « Jacobites » (James est notre Jacques français), qui détermine l'établissement de notre franc-maçonnerie française, très spécifique. Elle va connaître un succès prodigieux au XVIIIe siècle, toujours lui, celui des Lumières. Et se séparer largement du modèle anglo-écossais. Une figure emblématique précoce de cette franc-maçonnerie des Lumières : le frère Montesquieu, initié en 1730 à quarante et un ans. *L'Esprit des lois* (1748) – d'où naîtra le concept moderne, fondement de nos démocraties, de séparation des pouvoirs[1] – doit forcé-

---

1. J'oserais, après Montesquieu, préférer à ce terme négatif son pendant positif, l'autonomie des pouvoirs.

ment aux échanges et réflexions dont ce génie s'est nourri lors des tenues.

En 1728, apparaît une première autorité maçonnique. Un Anglais jacobite exilé à Paris, le duc de Warton, est élu grand maître des loges françaises. Il faut attendre les années 1735-1737 pour que se constitue plus formellement autour de ses successeurs la première Grande Loge de France. Elle sera rapidement incapable d'établir son autorité sur les loges divisées en plusieurs courants. Déjà, certains frères se concentrent sur des recherches mystiques et ésotériques quand d'autres s'inscrivent dans le sillage de Voltaire et des Lumières. En 1773, une profonde réforme de la première Grande Loge de France donne naissance au Grand Orient de France. Lequel parvient enfin à rassembler presque tous les frères sous la même bannière. Mais il s'agit alors de maçons « modernes », réticents aux liens religieux imposés par la tradition anglaise, adversaires des grades supplémentaires qui fleurissent dans ces obédiences. Le Grand Orient va devenir rapidement la principale obédience française jusqu'à son apogée, sous la IIIe République.

Le rite moderne modifié l'ouvre à toutes les tendances, tous les mouvements. Il existe en son sein une maçonnerie qui ne travaille que dans le symbolique, une autre purement sociétale. Et toutes les nuances combinées entre ces deux extrêmes, où les maçons se construisent. Ce que je nomme le polymorphisme maçonnique.

Mais cette ouverture même lui vaut la limite intangible du « Vatican maçonnique » qu'est la Grande Loge Unie d'Angleterre. Je vais vous plonger un instant dans les dissensions de cette franc-maçonnerie sans réelle unité, à l'image de l'animal social – ou asocial, comme l'on veut – qu'est l'homme. L'on rejoint là la force et la faiblesse de l'humain, le « roseau pensant » cher à Pascal. La franc-maçonnerie désigne des sociétés d'hommes où tout est pluriel, nuances, passions. Partant, elle est étrangère à l'idée même de secte où les membres assujettis ne peuvent que penser comme le « maître », garant, pour son profit, de l'unité absolue du dogme. En franc-maçonnerie, tout ou presque est possible, y compris les dérives. Ce qu'a voulu combattre, à sa manière, la Grande Loge Unie d'Angleterre. En 1929, elle décrète « régulières » les seules obédiences dans le monde qui se rangent à ses critères : *primo*, elles doivent descendre, peu ou prou, du berceau scotlando-anglais. *Secundo*, n'admettre que les hommes. *Tertio*, exiger la croyance en Dieu, l'être suprême ou le Grand Architecte, ces symboles commodes pour envisager l'inconnu dont s'est affranchi le GODF. C'est pour ce dernier point du dogme que le Grand Orient de France n'est pas, selon la « papauté » anglaise, une obédience reconnue. Pour autant, contrairement à ce qu'affirment ses détracteurs, le Grand Orient n'est pas une obédience athée. Des frères de foi y adhèrent, justement au nom de la liberté de conscience. Ce grand écart même entre non-croyants et croyants lui confère à mes yeux sa richesse... Alors?

Alors pas plus que mon obédience n'est de droite ni de gauche, cette non-reconnaissance ne l'« hérétise » nulle-ment, ne l'empêche pas de rester l'obédience majeure en France ni même de s'abstenir de retourner la pareille aux frères « reconnus » : nous ne reconnaissons ni ne nions personne, même si nous préférons la franc-maçonnerie des idées humanistes que nous portons à la complaisance des rites pour les rites. Nous sommes des acteurs à part entière de l'aventure humaine en progrès. Nous sommes les enne-mis jurés de toute forme liberticide de pensée et de poli-tique. Nous intervenons continuellement sur la scène des sociétés pour préserver et renouveler les victoires des Lumières. Et nous avons même, au nom de cette liberté de conscience peut-être portée trop loin, suscité en notre sein une scission : en 1913, inflexibles face à la demande d'une loge exigeant de pouvoir invoquer Dieu ou le Grand Archi-tecte lors de ses tenues, nos dirigeants provoquent la créa-tion d'une obédience qui deviendra la Grande Loge Natio-nale Française (en 1948). J'aurai l'occasion d'y revenir tant elle pose question dans ma vision de la franc-maçonnerie. Pour l'heure, que cette leçon d'histoire menée par un « maître » de parti pris (celui de la liberté) suffise à faire comprendre l'incroyable diversité que revêt la plus grande aventure de pensée de tous les temps, la franc-maçonnerie.

Triomphes et souffrances

L'apogée du Grand Orient de France et ses victoires essentielles correspondent à la IIIe République. Il y a au mur du bureau de l'un des grands officiers du siège de la rue Cadet un grand chromo, sans doute pas très beau, mais que j'aime par-dessus tout. Cette composition d'un certain Jules Garnier, pour intéressante qu'elle fût parce qu'elle fige une séance de la Chambre des députés en 1877 (elle marque la charnière de la crise politique sous Mac-Mahon d'où va naître la IIIe République), me projette quelque vingt-huit ans plus tard. Je suis un grand rêveur. Elle m'évoque une tout autre séance de la même assemblée, celle qui, le 9 décembre 1905, va voter la loi de séparation de l'Église et de l'État. À la tribune, le député socialiste Aristide Briand appelle au vote [1]. L'Assemblée est pleine à craquer, la tension est à son comble. On a de la peine à imaginer aujourd'hui ce que pouvait représenter ce vote, dans ce pays où le Second Empire avait chauffé au rouge la guerre entre l'Église et la franc-maçonnerie : un État laïque allait naître. Soit la revendication majeure des penseurs maçons, singulièrement au sein du Grand Orient. Imaginez avec moi, dans la foule des députés, les figures de

---

1. Aristide Briand ne fut jamais maçon du GO. La veille de son initiation, l'histoire conte qu'il fit la connaissance d'une grisette qui lui parut bien plus importante que l'épreuve sous le bandeau...

maçons du GO, porteurs chacun de combats tout aussi vitaux pour la démocratie : Clemenceau, Gambetta, Jules Ferry... Il doit s'y trouver Waldeck-Rousseau, le père de la liberté d'association sous la forme de la loi 1901. Ce jour-là, dans une Assemblée nationale où les députés sont en majorité maçons déclarés – quatre-vingts pour cent ! – la IIIe République moule la France dans un modèle démocratique historique et unique, la laïcité. En d'autres circonstances, les maçons parlementaires ont dû employer les grands moyens. Tel le radical Henri Brisson qui s'est rendu célèbre en juin 1899 en sauvant le ministère de Défense républicaine de Waldeck-Rousseau. Il aurait dessiné dans l'air le « signe de détresse », l'un des fameux codes gestuels des maçons – secrets de Polichinelle – dont on s'amuse tout en les faisant passer à l'occasion pour des preuves de complot universel. Ce signe en appelle à la solidarité maçonnique. « À moi, enfants de la veuve. »[1]

Quarante ans plus tard, la franc-maçonnerie entrera dans l'une des pires périodes de son histoire. Avec la seconde guerre mondiale naît l'antimaçonnisme le plus meurtrier qui soit. Il se goberge d'un affreux mensonge alimenté par le gouvernement de Vichy sous emprise hitlérienne : le complot judéo-maçonnique.

---

1. Lire glossaire.

III

TAILLER LA PIERRE BRUTE

Avant d'entrer dans le présent du Grand Orient, je veux revenir, sous la forme de ce court chapitre, sur la signification de nos activités communes majeures, nos tenues, bimensuelles la plupart du temps. J'ai écrit plus haut que la franc-maçonnerie était une méthode. C'est la bande FM de la radio, celle que l'on capte le mieux, avec le plus de précision, et c'est cette FM pirate de ma jeunesse qui s'affranchissait des interdits d'État. Souvenons-nous qu'avant même les états généraux préludes à la Révolution française, la roture, la noblesse et le clergé éclairé se réunissaient déjà dans nos loges...

Nos ennemis critiquent souvent nos rituels. J'en ai donné un aperçu dans certaines phases de nos tenues. J'ai expliqué qu'au-delà du sens intrinsèque de la dramaturgie sans cesse renouvelée qu'il instaure, il a pour but de préparer les esprits au travail. J'ajoute qu'il est, au sens strict du mot, une « police », une façon de discipliner sans échappatoire la réunion. On parle entre frères qui se respectent, pas entre copains du café du Commerce! Nul ne répond sans l'autorisation du surveillant. Nul ne s'adresse directement à un autre frère. Comme au tribunal, on se parle par le truchement du président de la séance, en l'occurrence le vénérable. *Dura lex*, oui, mais quelle sérénité des débats ! Quelle efficacité dans la structuration des idées dans un laps de temps relativement court (selon l'ordre du jour, deux, trois, quatre heures parfois). Un effet de cette discipline interne me frappe toujours : celui qui prend la parole paraît plus intelligent !

Il est difficile d'expliquer dans l'absolu pourquoi nos tenues enrichissent toujours leurs assemblées. Quand j'essayais d'en faire passer le message au journaliste qui m'a accompagné dans la composition de ce livre, je ne trouvais rien de mieux que de lui montrer la tasse de café posée sur la table entre nous. D'où j'étais, je voyais une partie de la petite anse de porcelaine à droite, le dessin d'une tulipe, une sous-tasse. Mon vis-à-vis situait l'anse à sa gauche, ignorait le décor tulipéen, mais pouvait lire une marque publicitaire sur l'objet. Bien sûr, nos échanges sur la tasse de café n'allaient pas plus loin et ces points de vue, au sens géographique du mot, ne nous enrichissaient pas spécialement ! Mais ils étaient le symbole – puisque les francs-maçons les adorent ! – des visions différentes d'un même objet. De même, au cours de nos réunions, l'esprit complètement concentré par une quinzaine de minutes de rituels rigoureusement orchestrés, nous prenons conscience que le point de vue exprimé par l'autre vaut la peine d'être réfléchi, soupesé, contesté peut-être, mais à l'aide d'arguments. Le symbolisme n'est pas univoque. Le temps n'est pas innocent. Au fil des tenues, la réflexion a évolué. C'est ainsi que des gens aussi dissemblables par leurs origines, leurs préoccupations, leurs métiers, leur histoire – et leurs histoires –, leur âge, leurs origines sont parvenus, dans le cours ridicule à l'échelle d'une société de trois siècles, à bouleverser une partie du monde pour le rendre meilleur. Car la République est meilleure. La démocratie est meilleure. La paix est meilleure.

L'antithèse d'une tenue ? Un plateau de télévision. Un débat parlementaire. Je n'ose écrire une salle de classe chahutée.

Le secret d'une tenue ? On quitte ses « métaux » – symbolisme maçon [1]. On se met en retrait du quotidien. On se place en écoute totale de ses frères.

Au cours de la tenue, le frère secrétaire a donné lecture du procès-verbal de la précédente tenue, du courrier, à propos duquel le vénérable a invité à la discussion, un

---

1. Pour travailler sa pierre brute, l'apprenti a besoin d'un ciseau, d'un maillet, d'un tablier en peau blanche pour se protéger symboliquement des éclats de la pierre à dégrossir. Le tablier lui confère le droit et le devoir de silence, d'observation et de réflexion en profondeur. Les maîtres et les compagnons qui ont su « quitter leurs métaux » (quitter ce qui est trompeur), vivre leur apprentissage, apprendre la prudence n'abuseront jamais de leurs grades pour affirmer une supériorité. Ils seront disponibles, compréhensifs et observateurs comme preuves vivantes du chemin difficile de l'évolution personnelle.

frère, ou plusieurs, exposeront, « plancheront » sur un thème qu'ils se seront appropriés ou que le vénérable aura choisi pour eux. Ce peut être une réflexion sur le symbolisme de la pierre brute ou un exposé consacré à la citoyenneté. Je m'amuse parfois à dire que je redoute les planches volontaires : elles durent parfois très longtemps ! Strictement encadrés par le rituel, compagnons et maîtres répondront, débattront, apporteront des contre-arguments, approuveront. En revanche, les apprentis se taisent. Ils écoutent. Ils vont ainsi garder le silence jusqu'à leur passage au grade de compagnon. Mais attention. Pas question de rester inactif. Le temps du silence, chez l'apprenti, ouvre ses sens. Tel un aveugle dont l'ouïe s'affine, le silencieux apprenti... apprend. Son caractère se polit sous l'épreuve : il taille sa pierre brute. Il intègre la mécanique de la loge. Comme pour le toreador de *Carmen*, dans l'ombre, des yeux, pas forcément noirs, le regardent. Il s'agit des surveillants, du vénérable, des frères. Nul besoin d'épier, on sait s'il « travaille ». Quand le surveillant le proposera au grade supérieur, c'est qu'il estimera que l'apprenti est prêt à devenir compagnon. Or l'avenir d'une obédience réside dans le renouvellement permanent de ses membres. Ils apportent un esprit neuf. Point fondamental de la méthode symbolique pratiquée au Grand Orient de France : l'autre vous révèle à vous-même.

On me demande parfois si un tel protocole, immuable, de tels exposés sans cesse réentendus ne frisent pas l'insupportable. J'ai cité un opéra. C'est une bonne image. Un mélomane retourne voir le même. Il connaît les lieux, les chanteurs, le livret. Et pourtant, une somme de facteurs va jouer, irrationnels, pour que le même opéra, su par cœur, prenne une nouvelle coloration. Il nous arrive à tous de trouver une tenue bien morne. Mais il arrive encore plus souvent que la soirée se soit révélée passionnante. N'oubliez pas l'important, les maçons sont quelque cinq millions dans le monde. Ça en gêne certains auxquels le nombre paraît révéler une entreprise concertée de complot mondial. Outre que cinq millions sur quelques milliards d'hommes ne semblent pas constituer un bien grand danger numéraire, en réalité ces lâches complexés par la multitude feraient bien mieux, pour leur paix intérieure, de se demander pourquoi, toute une vie, les frères et les sœurs ne se lassent pas de nos cérémonies si peu secrètes...

Une maîtresse, la République

Quand la tenue touche à sa fin, les frères forment la chaîne d'union, ils se tiennent par la main, avant de se séparer, de retrouver le monde profane. La plupart du temps, ils participent tous aux fameuses « agapes » au restaurant du coin. Là, les apprentis retrouvent la parole. L'engagement maçonnique demande du temps et de l'énergie, raison pour laquelle la sélection devient assez naturelle. On connaît facilement les conditions d'admission : les loges locales, les sièges, répondent aux sollicitations des candidats. Un frère présente un profane, ou bien l'intéressé écrit-il à la loge ou lui envoie un courriel. Le vénérable le rencontrera. Si l'entretien lui semble concluant, il confie le dossier à trois « enquêteurs ». Pas vraiment des détectives ! Ils étudieront son CV, vérifieront son casier judiciaire, lui demanderont s'il n'est ni xénophobe ni antisémite – ce qui suppose qu'il n'appartienne pas à un parti extrémiste mais qu'à partir du moment où les deux conditions sont remplies tout membre de quelque parti que ce soit est le bienvenu –, quels sont ses engagements. Un jour, le candidat connaîtra l'initiation dont j'ai en partie dévoilé les étapes. Ce n'est pas une formalité : les frères débattront puis voteront son admission ou son refus en déposant une boule blanche ou noire dans le tronc. Tout le monde connaît la musique : une noire vaut quatre blanches ! Les critères ? Subjectifs. Ce que l'on sait de vous, vos réponses, vos attitudes, la façon dont les frères sentent que cette pierre brute que vous êtes sera polie... Ah, au fait, pas plus que la religion, l'athéisme ou la couleur politique, celle de votre peau n'est un critère d'admission ou de refus. Comme l'a dit le tennisman Boris Becker, « je me suis rendu compte que ma femme était noire quand on me l'a fait remarquer ».

En toute rigueur, si l'enquête préalable a été sérieusement menée et votre passage sous le bandeau concluant, vous ne serez pas « blackboulé ». Mais certaines loges ont leurs règles propres : quelques-unes « blackboulent » systématiquement une fois. Vous en serez quitte pour vous présenter six mois plus tard (votre opiniâtreté est un signe de motivation). Le temps maçonnique ne se mesure pas à votre impatience...

En revanche, votre exclusion, elle, en cas de non-paiement de la « capitation » (au Grand Orient une trentaine d'euros par mois), d'absences répétées ou de dérogations à la règle du GODF par un comportement indigne des valeurs humanistes, et bien sûr en cas d'actes incompatibles avec votre appartenance, délit ou crime, se décidera au sein de la Chambre suprême de justice maçonnique (qui ne se substitue en aucun cas à la justice républicaine !). Elle se réunit deux fois par an. Par accords croisés, la plupart des obédiences, qu'elles soient régulières ou adogmatiques, se transmettent la liste des exclus. Ainsi n'est-il guère possible à un ex-frère radié pour mauvaise conduite de se refaire une virginité de candidat ailleurs. À votre tour, vous avez toute liberté pour partir sans préavis : une simple lettre recommandée vous délie de tout engagement.

Certaines obédiences exigent le nœud papillon pour des tenues spéciales. Au Grand Orient, vous venez tout simplement dans une tenue vestimentaire correcte, de votre choix. Selon les rites, les frères se tutoient ou se vouvoient. Ça aussi, ça va mieux en le disant.

Mais au-delà de ces détails de tenues, aux deux sens du mot, ces hommes et ces femmes qui viennent ainsi tailler leur pierre brute en loges ne vont pas oublier leur vie propre. Si l'on entre dans un temple maçonnique, on en sort. Ce n'est ni une secte ni une armée. Les frères du Grand Orient de France et des loges alliées mènent une vie maçonnique en se construisant et se reconstruisant à travers les autres pour bâtir leur unité. Le regard qu'ont les autres sur vous vous polit. Un contresens courant, qui alimente les raisonnements faussés des antimaçons, revient souvent : les institutions, politiques ou pas, sont réputées « remplies » de francs-maçons (quand les nouveaux fascistes de la pensée n'emploient pas des mots comme « nid » ou « pépinière » de francs-maçons). Or c'est tout l'inverse qui prévaut. Mes frères et sœurs maçons fréquentent des associations, prennent des initiatives, se présentent aux élections poussés par le jeu du même tempérament qui les a incités à venir en loge. Rompus à la confrontation et au débat, ils et elles sortent, émergent, se font remarquer et deviennent des responsables ou des dirigeants. Les électeurs n'élisent pas des candidats parce qu'ils sont maçons. C'est parce qu'ils sont maçons, souvent, qu'ils sont poussés vers la chose publique, la *Res Publica*... Ils sont les amants d'une maîtresse, la République. Mais ce bon sens même échappe aux ennemis de la franc-maçonnerie, en tout cas celle qui s'engage dans les affaires sociétales.

Tout le monde devrait être maçon et pousser la porte d'un temple du Grand Orient!

UNE PAGE DE... SILENCE

Je me suis demandé comment traduire sans bruit le besoin de silence que les frères et les sœurs des loges, *a fortiori* s'ils sont apprenti(e)s, apprennent à respecter. D'où l'idée, dans le cours de votre lecture, de cette page de réflexion quasi blanche.

Les antimaçons s'affolent souvent de cette discrétion qu'ils confondent avec le secret. Ils se moquent de nos signes de reconnaissance, nous surnomment « frères lagratouille » en nous suspectant de nous serrer constamment la main d'une certaine manière. Ces signes, quels frères et sœurs, aujourd'hui, les utilisent? Pratiquement personne! Quelle utilité? En revanche je sais, dans une assemblée, à un delta d'erreur près, qui est franc-maçon, et souvent de quelle obédience il est membre. Je le repère... à la qualité de son silence, et à la façon dont il le rompt.

PRÉSENT

IV

L'ANTIMAÇONNERIE
DANS TOUS SES ÉTATS

Il existe, dans toutes les librairies spécialisées dans la franc-maçonnerie, un DVD titré *Forces occultes : le complot judéo-maçonnique au cinéma*[1]. Il se compose d'un film de 1943 dont le scénario simpliste met en scène un député français initié au Grand Orient (obédience choisie par les pronazis pour ses prises de position et les actes de Résistance de ses membres[2]), abusé par les frères et les juifs (ou les frères juifs) qui tirent les ficelles à l'Assemblée et dans les cénacles politiques pour que la France entre en guerre contre l'Allemagne. Le vénérable maître barbu avoue dans une séquence ignorer ce qui se trame au-delà de lui, mais il sait qu'un complot maçonnique mondial agit dans l'ignorance de tous... Et de prendre son téléphone pour appeler les ministres et autres chefs militaires et distiller ses « ordres ». Ce chef-d'œuvre est suivi d'un entretien

---

1. Il est possible en outre de le visionner – 47 minutes – sur *dailymotion.com*.
2. Le premier soin de l'occupant arrivé à Paris fut d'investir le siège du GO rue Cadet et de plonger dans ses archives...

entre Jean-Louis Coy, spécialiste du cinéma, et Jean-Robert Ragache, historien, l'un de mes prédécesseurs à la tête du GODF, de 1989 à 1992. Les deux hommes décryptent les tenants et aboutissants de cette ahurissante horreur sur pellicule.

Les acteurs incarnant les francs-maçons y prennent de belles gueules de fripouilles, les juifs y sont physiquement caricaturés de la plus odieuse façon, et le candide député finit par se faire poignarder par des hommes de main à la solde de la loge. Je vous préviens, on sort de ces quarante-sept minutes écœuré par tant de haine et de bêtise. À l'image de cette araignée de carton-pâte qui descend sur une carte de France au bout de son fil, avec l'équerre et le compas dessinés sur le dos! On a honte que des Français aient pu écrire et tourner un tel film, fût-ce sous le régime de Vichy. Mais ce qui me choque bien plus, c'est que des Français du XXIe siècle le regardent encore avec des arrière-pensées.

Bien sûr, le film fut commandé en 1942 par la Propaganda Abteilung, délégation du ministère de la Propagande du IIIe Reich dans la France occupée. Mais ce sont bel et bien des Français qui en ont écrit le scénario, qui l'ont tourné et y ont joué[1]. L'antimaçonnisme français – mais en réalité bel et bien universel – a connu des pics à toutes les époques. De l'abbé Barruel qui a accrédité l'idée

---

1. Jean Mamy, le réalisateur, fut fusillé en 1949 en tant qu'auxiliaire de la Gestapo.

d'un complot maçonnique pour expliquer la Révolution française à Maurras et ses quatre États confédérés de la nation française — les juifs, les protestants, les francs-maçons et les métèques —, nous sommes réputés — frères catholiques compris — les ennemis de l'Église. Depuis l'encyclique *Humanum Genus* de Léon XIII (1884), nos frères catholiques bravent du reste un interdit d'affiliation ! L'on trouve sur des sites antimaçonniques à foison les propos nauséabonds mais canulardesques d'un certain Léo Taxil, pourtant encore pris au pied de la lettre. Cet auteur, en 1870, des *Mystères de la maçonnerie dévoilés* — qu'il a reconnu sortis de son imagination — nous décrit en satanistes. Au XIXe siècle, nous étions censés régler nos comptes par l'assassinat, confié à de certains chevaliers Kadosh, armés d'un poignard dans ce but.

Qu'un revers quelconque frappe un sectataire de l'extrême droite, il en rend volontiers responsables les « francs-mac » avant les communistes ou la gauche.

Nous avons été dénoncés, décimés, interdits, déportés, exécutés. Avant-guerre, l'appartenance était transparente. Le Grand Orient comptait quarante-cinq mille maçons en 1939, ils n'étaient plus que huit mille en 1945. Une paille ![1]

Mais ce qui suscite en moi une vraie révolte, bien actuelle, ce sont les livres antimaçonniques d'aujourd'hui,

---

1. Selon Jack Chaboud, *La franc-maçonnerie, histoire, mythes et réalités*, Librio, 2004.

auxquels les Français à la mémoire courte réservent un accueil digne des pires heures de Vichy. Le livre que vous avez entre les mains se sera vendu à quelques milliers d'exemplaires si les hasards de l'édition me sont favorables[1]. Les livres antimaçonniques du XXIᵉ siècle se vendent souvent à des dizaines de milliers d'unités, à l'aune des dénonciations des turpitudes et de la malfaisance supposées de la maçonnerie qu'ils accumulent. Leurs auteurs sont la plupart du temps des journalistes de renom, ils ou elles se livrent à l'« investigation » dans les hebdomadaires les plus renommés, on les invite aux 13 et 20 heures à la télévision... et l'on ne se rend même pas compte que leurs arguments relèvent du fascisme ! À croire qu'ils n'en prennent pas eux-mêmes conscience.

Pour se défendre de pratiquer un antimaçonnisme douteux, l'une de ces journalistes inspirés tente même de retourner l'argument contre ceux qu'elle attaque. Selon elle, l'antimaçonnisme nous rend « un fier service ». Il nous transforme en « éternelles victimes, contraintes au secret »[2]. J'invite mes lecteurs à réfléchir aux implications qu'une telle tentative de discrédit portée aux victimes de discriminations de toute nature implique. Elles suggèrent, au-delà de la franc-maçonnerie, que les descendants des

---

1. Les droits en seront versés à la Fondation du GO.
2. *Un État dans l'État, le contre-pouvoir maçonnique*, Sophie Coignard, Albin Michel, 2009.

victimes de génocides se montrent en quelque façon rede-
vables aux bourreaux de leurs parents et grands-parents de
leur conférer dans le présent une aura de justiciables.
Détestable déni de souffrance! Il raye de quelques mots le
poids, la crainte, la légitimité à la prudence de tous ceux
qui savent que des déviances de pensée pareilles se mani-
festent au XXIe siècle. Les francs-macons ne sont plus persé-
cutés, poursuit cette inconsciente journaliste, « sauf à
établir un parallèle entre le régime de Vichy et la Ve République... » Ces livres antimaçonniques au premier degré
portent la preuve même que les francs-maçons qui ne se
déclarent pas tels ont encore parfois raison de choisir le
secret d'appartenance. À une époque où les tentatives de
CV anonyme cachent jusqu'au nom du candidat, comment veut-on qu'un maçon déclaré ne risque pas le rejet
de sa candidature (bien sûr pour d'autres raisons) dans le
climat créé par les bons apôtres qui nous poussent à nous
dévoiler? Je suis pour le dévoilement quand on le peut.
Quand son « *coming out* », comme l'on dit, ne risque pas
de ruiner sa carrière, sa famille. J'ai vu, j'ai été le témoin
du rejet d'une pharmacienne franc-maçonne par le PDG
d'une clinique qui ne supportait pas une telle appartenance! J'ai de bonnes raisons de penser que certains ser-
vices publics privatisés n'acceptent guère dans leurs rangs
des maçons déclarés. La mort sociale n'est pas un vain
mot. Que ces journalistes armés de bons sentiments de

transparence songent un instant que la vie dans les entreprises et les cénacles politiques ne se limite pas aux bureaux feutrés des Ve ou XVIe arrondissements! Yvette Ramond, grand commandeur de la Fédération Française du Droit Humain (mixte), a écrit à Christophe Barbier, directeur de *L'Express*, qui avait signé l'un de ces éditoriaux relevant de l'antimaçonnisme ordinaire : « De plus, certains chefs d'entreprise, qui sont loin d'avoir des idées progressistes, ne supportent pas toujours d'avoir des maçons parmi leurs employés. » Elle ajoute : « Tous les maçons ne sont pas ministres, hauts fonctionnaires ou dirigeants de banques », signifiant par là que la grande majorité des maçons « ordinaires » ne bénéficient d'aucune protection contre l'arbitraire. Du reste, je m'amuse à constater que cette profession même, le journalisme, compte dans ses rangs bien des frères et sœurs qui ne se déclarent pas francs-maçons, même si certains, parfois, par leur poignée de main, se signalent à mon attention[1]. À en croire les antimaçons qui écrivent tant d'âneries, il me suffirait donc d'un appel discret à leurs plumes (serviles au nom de la solidarité?) pour que je sois interviewé partout, et invité sur tous les plateaux. Après tout, la « promotion du Grand Orient » et de ses valeurs n'entre-t-elle pas dans mon rôle de grand maître? La vérité est que je m'abstiens

---

1. N'en déplaise aux amateurs de sociétés secrètes, ce geste n'est plus guère employé par les francs-maçons : n'importe qui pourrait utiliser ce signe de reconnaissance.

de tout appel de ce genre qui ne serait du reste pas apprécié ni suivi d'effet par les frères journalistes. À moins bien sûr que l'argument suprême ne devienne : ils ne vous interviewent pas de peur de dévoiler leur appartenance !

Ce que les enragés de la transparence sous-entendent est que le franc-maçon, à leurs yeux, n'est pas un individu indépendant. La vérité ne les intéressent pas. Il s'agit au fond avant tout d'un procès fait à l'homme.

Le sketch de l'absurde

Entre le film de la propagande nazie déploré plus haut et ces modernes enquêtes qui ravissent apparemment un public crédule tout prêt à s'en repaître, quelle différence ? Le meurtre ? Voire. Il paraît que dans certaines affaires dites maçonniques des victimes ont perdu la vie. Tout le reste y passe : affairisme, mensonges, influences. Complot aussi, puisque la franc-maçonnerie en général y est présentée comme « un immense réseau », et « un État dans l'État »[1]. Que la technique de l'amalgame et du faux syllogisme ait été dénoncée comme la pire des errances de la presse française ne change rien : en amalgamant, l'on donne du poids à sa « démonstration ». Le tour est joué, le journaliste est encensé, il ou elle doit même, en son for intérieur, se persuader qu'il ou elle a fait montre de talent. La France est prévenue. Puisqu'un réseau a pénétré les

---

1. *Op. cit.*

arcanes de l'État, alors les malheurs du pays ont trouvé leur bouc émissaire, la franc-maçonnerie. Les vieilles recettes se montrent toujours aussi efficaces.

Ce qui me frappe dans ce scénario connu — encore un —, ce qui m'atterre, ce n'est pas tant l'empilement, au fil des pages, des faits divers crapuleux où le mot « franc-maçon » apparaît. Voilà un exercice rendu facile avec les moteurs de recherche (vous rentreriez crime + journaliste, vol + avocat, excès de vitesse + ministre, faillite frauduleuse + consultant ou enrichissement illicite + médecin, vous auriez sans doute de quoi alimenter bien des « enquêtes »). Ce qui me frappe, je le répète, c'est la bienveillance, la gourmandise, l'*a priori* approbateur avec lesquels le public accueille des livres qui n'ont que l'apparence de la démonstration imparable.

Je vais me livrer à mon tour à un petit scénario inspiré de ces fausses-vraies enquêtes. Comme la magistrature, selon ces auteurs, est littéralement un « nid » de francs-maçons, je mets en scène un magistrat. Dans mon scénario, tel juge est soupçonné par un journaliste d'abus de pouvoir pour avoir favorisé un prévenu, maçon. Or il est — ou est supposé être — franc-maçon lui-même (et du reste, pour le journaliste, peu importe qu'il appartienne à la Grande Loge, au Grand Orient ou à la Grande Loge Nationale Française, alors même qu'entre ces obédiences des abîmes existent). Qu'il adhère aussi au Jockey Club, au

Rotary International, à un club de golf ou qu'il figure sur la liste des anciens élèves de l'Ena ne l'intéresse pas. Pas davantage qu'il soit socialiste ou UMP, tout comme le prévenu qu'il est censé avoir « couvert ». Il a failli *et* il est franc-maçon. Donc il a failli *parce qu'*il est franc-maçon, face à un frère trop content de faire jouer la solidarité.

Imaginez avec moi un dialogue de fous possible avec le journaliste, digne du tandem Chevallier-Laspalès :

— Vous citez la franc-maçonnerie, mais pas les autres réseaux sociaux du juge ?

— Eux sont sans importance.

— Vous lui reprochez d'avoir protégé un franc-maçon puisque vous affirmez qu'ils le sont tous les deux. Ils vous l'ont dit ?

— C'est de notoriété publique. On me l'a affirmé.

— Qui ?

— Un franc-maçon.

— Je croyais qu'un franc-maçon professait le secret d'appartenance ? Vous avez vérifié ?

— Je ne peux pas puisque c'est secret. C'est bien ce que je leur reproche

— Qui vous dit alors qu'il n'ait pas avantagé le prévenu parce qu'il appartient au même parti politique que lui ?

— Mais je ne sais pas leur appartenance.

— Vous avez déjà essayé de téléphoner au siège d'un parti pour demander la liste de leurs membres ?

– Non! Ils ne la communiquent pas!

– Comme les loges! Mais alors, pourquoi reprochez-vous au juge de n'avoir pas dévoilé son appartenance à la franc-maçonnerie alors qu'il n'a pas dit non plus qu'il était engagé dans tel parti et que vous ne pouviez vérifier cet engagement politique?

On peut continuer ainsi dans l'absurde. Quel serait l'intérêt d'obliger tout un chacun de déclarer son adhésion à telle ou telle association? Sous des dehors innocents, c'est à peu près le genre de raisonnement que véhiculent ces chefs-d'œuvre d'enquête: le journaliste enchaîne les « affaires » attribuées au « réseau d'influence maçon » sans le moins du monde se préoccuper d'en rapporter la preuve ni de vérifier le rôle des autres réseaux d'influence possibles. C'est toujours un cas de plus à livrer à l'imaginaire du lecteur...[1] D'autant plus facilement qu'en d'autres circonstances, on a pu établir qu'effectivement l'entraide abusive entre maçons avait joué[2]. Donc elle joue à tout coup. On n'est pas à un syllogisme faussé près. De quoi

---

1. Dans la présentation du livre de Ghislaine Ottenheimer et Renaud Lecadre, *Les frères invisibles* (Albin Michel, 2001), il est cité le cas Roland Dumas censé devoir démissionner du Conseil constitutionnel mais qui n'en fit rien : « *La réponse* semble [c'est nous qui soulignons] *résider dans les liens d'amitié qui unissent en France les membres de la franc-maçonnerie* » allèguent les journalistes. « *Semble* »? Curieuse façon de démontrer les choses... Dans la plupart des cas cités, conditionnel et apparence sont ainsi la preuve aveuglante qui convainc tant.
2. Pour m'en tenir aux dérives avérées, le cas du juge Renard, convaincu d'avoir transmis des informations confidentielles à la Grande Loge Nationale Française à laquelle il appartenait. Dépouiller les comportements délictueux avérés montrerait que l'immense majorité des dossiers n'impliquent pas le GODF.

passer sous silence toutes les affaires où un autre juge maçon – pour poursuivre l'exemple de la magistrature – n'a pas tenu compte de la qualité de « frère » de l'inculpé et l'a condamné. Or, statistiquement, compte tenu du nombre de francs-maçons en France – quelque cent cinquante mille, toutes les obédiences confondues, le double si l'on inclut les frères qui ne seraient pas à jour de leur capitation –, ce cas de figure a joué bien plus souvent que la collusion ! Mais admettre que les anomalies d'influence dans lesquelles ont été impliqués des maçons sont forcément en minorité absolue comparées aux décisions rendues en toute impartialité nuirait grandement à la « démonstration » de notre « pouvoir »...

Comprenez-vous le piège ?

Que des journalistes fassent semblant de jouer les Robin des Bois, et le fassent avec le talent mininal requis, ça se nomme du marketing de presse : les ventes des « marroniers » consacrés au « phénomène » franc-maçon l'attestent[1]. Mais que mes compatriotes tombent dans le panneau d'un antimaçonnisme fascisant, moi le médecin humaniste, doublé d'un grand maître franc-maçon au service de son obédience et de ses travaux, voilà qui m'in-

---

1. Un « marronier », dans le jargon de la presse, désigne ces sujets vendeurs – immobilier, salaires, templiers, franc-maçonnerie... – que les rédacteurs en chef programment chaque année, tout comme les marrons reviennent tous les ans. En 2004 déjà, le magazine *Stratégie* affirmait que, sans les fuites en provenance des loges, « *les news magazines perdraient l'un de leurs sujets de couverture préférés, avec les villes où il fait bon vivre, le salaire des cadres et les prix de l'immobilier...* ».

quiète beaucoup plus. Comme nous sommes entre nous, beaucoup moins nombreux que ces apprentis de la haine, je vais encore vous expliquer comment ces livres, sous des apparences d'enquête, trompent leurs publics.

Voter pour ou contre serait se trahir...

Au procédé de l'empilement sans vérifications – Untel est franc-maçon, dans telle profession ils sont un sur quatre, machin dénoncé par truc, on a montré une liste de frères à un journaliste..., on affirme que... – s'ajoute la preuve par l'abstention et la preuve négative. Tours de passe-passe. Voilà le raisonnement : un magistrat candidat au Conseil supérieur de sa profession proclame, « Je ne suis pas franc-maçon » *(sic)*. Il est élu. Conclusion de la journaliste Sophie Coignard : les francs-maçons majoritaires au sein du CSM ont voté pour lui afin d'éviter que leur abstention ne les désigne comme francs-maçons ! Quelle preuve ! Autre procédé employé par la même journaliste : le Grand Orient, paraît-il, ne dément pas telle « appartenance jugée infâmante », car voilà qui reviendrait à « en confirmer implicitement une autre en gardant le silence »[1]. Mais c'est faux et retors ! L'on verra plus loin que je confirme que telle personnalité politique n'est pas maçon à ma connaissance parce que si je suis tenu de ne pas dévoiler un frère qui ne le souhaiterait pas, rien ne

---

1. *Un État...*, op. cit.

s'oppose à ce que soit démentie une appartenance allé-
guée.

La même preuve par la négative – par nature impossible – est allègrement brandie : ni chez les policiers ni
chez les magistrats l'on a connu de désistement dans des
dossiers impliquant un franc-maçon. Or, statistiquement
– l'argument que j'évoquais plus haut –, il est impossible
que des enquêteurs n'aient pas eu affaire à des maçons,
comme eux. Donc, les policiers ou les magistrats ne se sont
pas désistés pour ne pas devoir revendiquer leur appartenance, ce qui prouve que ces corps de métiers sont remplis
de francs-maçons (CQFD), d'une part, et ces francs-
maçons enquêtent sur des frères (sous-entendu, forcément
en les avantageant). À aucun moment personne ne tique
devant une antipreuve aussi contraire à la déontologie
journalistique. Jamais n'est présupposée la probité de ces
policiers et de ces magistrats. Tous pourris. L'antimaçonnisme se nourrit de procès d'intention permanents, de
procès en sorcellerie, ces morsures de l'histoire qui
évoquent, avec insistance, le régime de Vichy. Avec Pétain,
la déclaration d'appartenance était obligatoire : c'est bien
ce que veulent au fond les journalistes auteurs de ces
livres, l'abandon formel du secret d'appartenance, au
besoin par la loi. Emportée par son élan, l'une écrit à propos d'un ministre qu'elle soupçonne maçon et qui a
démenti : « Quel crédit apporter à de telles dénéga-

tions ? » [1]. Ô, juge journaliste intègre, quel grand inquisiteur n'aurais-tu pas égalé ! Gérard Collomb, maire de Lyon, frère déclaré du Grand Orient (ils existent donc, les frères qui se déclarent !), répondait en ces termes à une interview dans *L'Histoire*, en 2001 : « Je crois à la transparence, pas à l'inquisition, même sous [la] forme modernisée [d'un livre]. »

Ma seule expérience me rassure pourtant sur l'aptitude d'un maçon à comprendre la solidarité maçonnique. Elle s'arrête où commencent la loi républicaine et l'honneur. Appelé comme expert médical auprès d'un tribunal, j'ai eu à me pencher sur le cas d'un frère impliqué dans un procès. Je me suis montré plus sévère à son endroit que s'il n'avait pas été franc-maçon. L'on est venu me voir pour me dire : « Je vais porter plainte contre un frère. » Ma réponse a fusé : « Allez-y. » Bien sûr, cette attitude ne se réduit pas à mon exemple ! Le quotidien d'un franc-maçon du Grand Orient se vit ainsi bien plus pleinement dans le respect de la loi et des hommes que du côté sombre de la connivence et de l'affairisme. Mais peu importe, les « affaires », enfilées comme des perles, supposées, soupçonnées, pressenties ou réelles forment des livres où la franc-maçonnerie n'est que contre-pouvoir, prise d'intérêt et complot. La masse de l'iceberg maçonnique œuvrant pour le bien de l'homme reste invisible. Un frère sans res-

---

1. *Un État...*, *op. cit.*

ponsabilité particulière au sein de sa loge doit consacrer un dixième de sa vie au Grand Orient. Pourquoi devrait-il porter au revers de son vêtement l'insigne de « l'inaccessible étoile » de son rêve ?

Pour en finir avec la « langue de pierre »

Reste une autre souffrance pour moi, grand maître d'une obédience qui passe pour athée et de gauche alors que ses mille deux cents loges rassemblent toute la société française, croyante et conservatrice comprise : l'antimaçonnisme ne tient aucun compte de l'appartenance obédientielle des francs-maçons impliqués dans des scandales. Un franc-maçon reste un homme, donc un être soumis à toutes les formes de tentation, perversion, malhonnêteté possibles et imaginables, propres à l'homme. Pas plus que la foi ne sauve les croyants du « péché », fréquenter une loge ne transforme pas un requin en poisson pilote. Cela posé, un constat : la grande majorité des maçons pris la main dans le sac d'une malhonnêteté appartiennent à une obédience dite « régulière » et non au Grand Orient qui se targue – et j'y veille – d'exclure de ses rangs tout frère convaincu d'un acte contraire à la loi et à la morale civique - sans pour autant que ses fautes soient liées à son appartenance.

Le paradoxe n'est pas mince puisque la GLNF, l'obédience française reconnue par la Grande Loge Unie d'Angleterre, autoproclamée maçonnerie de référence, fait jurer ses initiés sur la Bible. J'ai déjà fait allusion à ces multiples visages des obédiences qui n'ont en commun qu'une « appellation d'origine » pour des raisons historiques, celle de franc-maçonnerie, des symboles et des rituels, mais qui ne partagent rien de plus avec le Grand Orient. La GLNF s'enferme dans une coque de symbolisme spirituel et se coupe officiellement du monde puisque les questions politiques, religieuses et de société sont exclues de son objet. Hasard ou nécessité, l'immense majorité des « affaires » qui font le miel de l'antimaçonnisme vichyssois moderne touche des membres de cette association (je n'en veux pour preuve, avec les réserves évoquées, que les citations des journalistes eux-mêmes). Il n'empêche : ces fautes civiques retombent dans l'esprit du public sur les obédiences engagées dans le combat de l'homme. Tant que cette association en grande partie étrangère à nos valeurs privilégiera une sorte de « course à l'audience » au détriment de la qualité du recrutement de ses membres, il faut craindre que les abus constatés continuent à peser dans son bilan humain. J'espère que la reconnaissance *de facto* de son existence, au nom de la tolérance, dont le GO fait preuve à son égard – reconnaissance que la GLNF nous refuse sans nous troubler outre-mesure – permettra aux frères qui veulent quitter cette obédience de trouver parmi nous un accueil plus conforme à leurs valeurs (car un initié de la GLNF ne connaîtra pas une nouvelle initiation pour nous rejoindre alors que la réciproque n'est pas vraie).

Il ne s'agit pas d'un appel ! Le Grand Orient demeure l'obédience maçonnique majeure dans ce pays, et je suis bien persuadé que quantité de frères de la GLNF trouvent dans leurs loges leur épanouissement personnel. De même, des frères du GO choisissent de nous quitter pour trouver « en face » des loges à leur convenance, et ne se privent pas de critiquer au passage leur ancienne obédience. C'est humain, donc maçon. Mais qu'enfin ce livre exprime clairement les choses sur ce point, sans langue de bois, en l'occurrence de pierre, notre matière symbolique. Entre la GLNF – et certaines autres obédiences et loges incompatibles avec nos valeurs – et le GO, il n'existe pas une divergence, il s'est creusé un abîme au fond duquel les antimaçons trouvent une ample matière à leurs amalgames. Pour le citoyen honnête homme, il est temps de casser le mythe du maçon malfaisant. J'ai dit [1].

---

1. Formule rituelle de conclusion par laquelle un frère ou une sœur clôt sa « planche ».

FRATERNELLES ET INUTILES

Il est un point sur lequel le grand maître du Grand
Orient, en accord avec beaucoup au sein de l'obédience,
rejoint le raisonnement des journalistes antimaçonniques :
je suis « antifraternelles ». Autrement dit, les sous-groupes
de francs-maçons qui se réunissent par métiers, les fraternelles de ceci et de cela. Un frère, une sœur maçons partagent un idéal d'humanisme, pas une profession. S'ils
veulent parler jobs et métiers, les associations professionnelles et les conseils de l'ordre les accueillent à bras
ouverts et même les obligent à adhérer. Dès lors, cette sous-
maçonnerie spécialisée ne sert qu'à susciter les soupçons de
ceux qui pensent qu'on y parle business plus que spiritualité.
Et s'il ne s'agit que d'amitié fraternelle, les loges, leurs affini-
tés et leurs agapes suffisent largement à ce supplément
d'échanges... Une seule fraternelle garde tout son sens, celle
qui réunit les frères parlementaires. Au cœur du débat
démocratique, elle synthétise la dynamique politico-législa-
tive du Grand Orient, sans même jouer les lobbys puisqu'elle ne manifeste son opinion qu'après le vote des lois.

À ne surtout pas confondre avec telle association
maçonnique interobédientielle où des frères et sœurs

échangent sur des « sujets sociétaux ». L'ennui, c'est que ce type de fraternelle, inventé par des obédiences dont les travaux excluent la dimension humaine, n'offre aucun intérêt aux membres d'obédiences adogmatiques : ces sujets entrent justement pleinement dans leur initiation maçonnique. Et ils ne forment que la partie émergée de l'iceberg !

V

À QUOI SERT LE GRAND ORIENT ?

Je voudrais accomplir, à mon tour, une sorte de *coming out*. Oui, je l'avoue : le Grand Orient est une société de pensée humaniste qui influence forcément, de l'extérieur, les appareils politiques. J'avoue que des frères du Grand Orient agissent dans les sphères de décision, qu'ils s'y comportent comme de véritables ambassadeurs de cette pensée humaniste ! Le plus représentatif du moment se nomme Xavier Bertrand. Il n'est pas seul au gouvernement Fillon du moment. En plein respect de notre loi – je ne désigne pas comme maçon du GO les frères qui ne se sont pas dévoilés, mais j'ai toute liberté de me désigner comme tel – je puis le citer puisqu'il a choisi, en février 2008, de confirmer qu'il a été initié au Grand Orient en 1995. Aujourd'hui secrétaire général de l'UMP, le parti du président de la République, cet ancien ministre du Travail ne semble pas avoir démérité à son poste. Auparavant, à la Santé, non plus. C'est sa vision humaniste des choses qui m'a fait penser que nous partagions les colonnes... [1]

---

1. Partager les colonnes, c'est être franc-maçon, lire l'article *colonnes* dans le glossaire.

J'avoue donc que nous nous mêlons bien de politique. Et d'ailleurs, pour une obédience réputée « de gauche », nous « infiltrons » apparemment aussi les gouvernements « de droite ». Malins que nous sommes...

Mais ce n'est pas tout. Je confirme que les grandes lois républicaines qui marquent nos libertés ont été pensées, débattues dans nos loges, puis votées quand nous étions suffisamment nombreux dans les rangs des députés. Nous étions bel et bien alors un « État dans l'État » et nous en avons profité... Les libertés publiques aussi.

Sachez donc que les lois les plus scélérates que voici sont nées de nos tenues :

• 30 juin 1881 : liberté de réunion, formulée lors de notre convent de 1779 (avant, il fallait obtenir une autorisation auprès des autorités et un officier de police chaperonnait).

• 28 mars 1882 : enseignement primaire obligatoire, laïque et gratuit. Aux manettes, le frère Jules Ferry. Dès lors, chaque commune dut ouvrir une école. Voyez-vous pourquoi les fermetures de classes dans les petites communes attirent notre attention ?

• 21 mars 1884 : autorisation et légalisation des syndicats professionnels. Nos convents de 1979 et 1881 en ont débattu.

• 5 avril 1884 : organisation communale. Cette loi a donné une large autonomie à nos communes représentées par un maire élu par le conseil municipal. Il n'en a pas toujours été ainsi. Avant que les frangins ne s'en mêlent, le maire était désigné par les préfets, *missi dominici* du pouvoir central.

• 27 juillet 1884 : légalisation du divorce. Une loi présentée par Albert Naquet, frère du GODF.

• 20 juillet 1886 : développement des caisses de retraite pour la vieillesse. Le principe en avait été arrêté au convent de 1882.

• 2 novembre 1892 : réglementation et limitation du travail des femmes et des enfants, fruit du convent de 1890.

• 30 novembre 1894 : première loi sur les habitations à bon marché (HBM, plus tard HLM). À l'origine, le frère Paul Strauss.

• 9 avril 1898 : organisation des sociétés de secours mutuels. Une vieille obsession humaniste, au Grand Orient, la solidarité.

• Un principe qui paraît tout naturel : la réparation pour les accidentés du travail. Si certains parmi mes lecteurs l'ignoraient, qu'ils sachent qu'avant cette évidence sociale le salarié victime d'un accident devait prouver la faute de son employeur. Tout comme, pour le Code civil, vous devez prouver en cas d'accident que vous êtes victime. Notre plus vaste temple, rue Cadet, porte le nom d'Arthur Groussier. Ce grand maître exceptionnel, initié en 1885, aura été réélu de 1925 jusqu'à la seconde guerre mondiale à une époque où les mandats l'autorisaient. Notre rituel dit français, le plus répandu au GO, a été élaboré par lui. Mais il fut à mes yeux, surtout, l'inspirateur du Code du travail. Tous les salariés lui doivent leur protection humaniste.

• 1er juillet 1901 : liberté d'association. Ce sont les associations ouvrières qui en ont été à l'origine, ce sont les francs-maçons députés (ou députés et en outre maçons si l'on préfère) qui l'ont votée.

• 30 juillet 1901 : un mois plus tard, l'assistance judiciaire. Les pauvres et les indigents accèdent à la justice. Idée franc-maçonne.

• 9 septembre 1901 : séparation des Églises et de l'État. Un vote de haute lutte dont j'ai dit l'émotion qu'il me procurait. L'État laïque ne rétribue plus le clergé. Le pape (Pie X) excommunie alors à tour de bras. L'inventaire des biens de l'Église tourne aux émeutes. À Arras, un certain Philippe Pétain prend la tête de la manifestation anti-inventaire.

• 3 avril 1910 : retraites ouvrières et paysannes. Elles donneront naissance à la Sécurité sociale. Un nom : le frère René Viviani, avocat.

Ce qui paraît aujourd'hui aller de soi dans une société solidaire et une République de liberté, d'égalité et de fraternité n'existait pas avant ces combats législatifs menés par des frères qui auraient tant plu aux antimaçons du xxie siècle : ils agissaient sans cacher leur appartenance en affirmant avoir trouvé leur inspiration dans les échanges menés au cœur des loges du Grand Orient. Peu de temps après, ils seront obligés de taire cette source, face à la haine des ennemis de ces libertés fondamentales. Des ennemis heureusement pas si intelligents. Une exposition antimaçonnique est organisée à Paris en octobre 1940, au Petit Palais, par le directeur du journal *L'Illustration*. Elle dénonce entre autres ces lois de liberté votées par les frères honnis. Mais pour les visiteurs peu informés, c'est un choc : nombre d'entre eux découvrent que ces victoires sociales essentielles sont nées au GO. Ils sortent du Petit Palais moins antimaçons qu'ils n'y étaient entrés.

C'est un peu dans cet esprit que j'ai établi ma petite liste des grandes lois, pour montrer concrètement « à quoi sert » précisément le Grand Orient. Vous l'avez compris, à perfectionner l'homme, bien sûr, mais aussi, grâce à l'action de tous les francs-maçons, à développer l'humanisme dans nos sociétés. Si vous découvrez en cet instant d'où viennent ces libertés fondamentales, j'aurais contribué à changer votre regard sur les livres « poubelles » qui ne passent en revue que les affaires des maçons dévoyés.

Les taquins diront : et depuis ?

Depuis que la seconde guerre mondiale a rendu les « amants de la République » plus prudents, ils agissent toujours avec passion mais pas systématiquement au nom de l'équerre et du compas. Il n'empêche que relèvent des conquêtes de l'obédience libérale et adogmatique...

• La libéralisation de la contraception et l'IVG.
• La majorité à dix-huit ans.
• *La suppression de la peine de mort.*
• La décentralisation.

...

Aujourd'hui, à des degrés divers dans les mille deux cents loges où « planchent » des frères et sœurs, les maçons réfléchissent à la construction européenne, à l'environnement, à la bioéthique, à la mondialisation, aux négociations de paix au Proche-Orient, à la lutte contre les phénomènes sectaires. Les pierres angulaires usées de certaines libertés repassent sous le ciseau : laïcité, prisons, éducation, égalité entre hommes et femmes...

J'aime rappeler, dans une formule un peu impériale, que le soleil ne se couche jamais sur la franc-maçonnerie du Grand Orient. De l'Océanie à la Russie, du Proche-Orient aux États-Unis et jusqu'au Canada, en Afrique, dans l'Europe de l'Est, aux marches du Liban, de la Guyane et j'en passe. D'où ma volonté, durant ma grande maîtrise, d'aller à la rencontre de ces loges du bout du monde qui portent l'espoir démocratique au-delà de nos frontières. Lors de mon allocution de remerciement, après mon élection en septembre 2008, j'avais cité une anecdote significative. Un jour, aux États-Unis où la franc-maçonnerie revêt une allure plus caritative que spirituelle, j'assistais à la tenue pendant laquelle le GO américain a reçu nos patentes [1]. Un grand type de deux mètres et plus de cent kilos, un Irlandais d'origine, prend la parole : « Vous savez, par Internet, il y a dix ans, on s'est aperçu qu'il existait une maçonnerie libérale adogmatique qui offrait à l'homme la possibilité de gérer sa vie et sa progression, et nous avons essayé de nous mettre en contact avec vous. Nous avons travaillé et maintenant nous sommes des partenaires. » Voilà l'appel d'un peuple qui se veut et se dit « développé » pour une telle maçonnerie parce qu'il reconnaît qu'il n'existe rien de comparable, dans la société humaine. Cette maçonnerie-là « pense la complexité du monde », selon l'expression de l'un des grands maîtres du GO.

J'ai parlé de la « méthode maçonnique ». Elle est là : confronter nos idées pour appréhender la marche de l'homme, partout sur la planète, vers le bonheur, à travers des solutions réalistes. Avancer, en gardant une dose d'utopie. Nous, maçons, sommes des hommes d'action. Or nous vivons dans une société médiatique qui réclame des hommes de réaction. Quand je suis invité à l'émission de Laurent Ruquier, *On n'est pas couché*, on attend de

---

1. En perdant de vue sa dimension spirituelle, la FM américaine s'est « vidée » au point de ne compter aujourd'hui que quelque deux millions de frères et sœurs.

moi que je sois réactif. Ce n'est pas notre mode de pensée. Nous confrontons notre analyse à d'autres, nous en tirons une synthèse, puis « action » ! Action sociétale fondée sur nos « fondamentaux » : liberté absolue de conscience, autodétermination des êtres, démocratie. Du concret ? Je suis élu en septembre 2008. Les journalistes m'interrogent sur mon programme de grande maîtrise. Je cite la défense de la laïcité, antienne maçonnique mais toujours en danger, l'éthique de la dépendance, que je vis comme médecin, la citoyenneté et... la lutte contre le fichier Edvige. Le Grand Orient est alors la première organisation à dénoncer ce projet liberticide dont les décrets ont été signés en juin 2008. Les individus sont fichés en fonction de leur probabilité à se rendre coupables ! Non seulement ces décrets sont contraires à la liberté, mais ils portent atteinte à ce que je nommerais la rédemption. Par l'application de ces mauvais principes, un individu est fautif à vie. Or la morale civique exige qu'après la faute et son paiement, la société offre la réintégration. Les mineurs allaient se voir marquer de manière indélébile. Le lendemain, j'ai le cabinet de Madame Alliot-Marie, alors ministre de l'Intérieur, au téléphone. « Madame la Ministre souhaiterait vous parler... » Notre échange, rapide, va droit au but.

– Monsieur le Grand Maître, il paraît que vous êtes inquiet.

– Je le suis, Madame la Ministre. Ce fichier constitue une atteinte aux libertés actuelles et futures.

– Si vous le voulez bien, venez m'en parler. »

Une semaine plus tard, nous en parlerons deux heures. Je ne suis pas seul. La ministre a convié, comme il se doit, mes homologues de la Grande Loge de France et de la Grande Loge Nationale Française, sans oublier mes amis du Droit Humain et de la Grande Loge Féminine de France. Nous faisons valoir chacun nos arguments. Les obédiences partenaires du Grand Orient partagent la même critique du texte. Du côté des obédiences inféodées à la maçonnerie anglo-écossaise, l'une se rapproche de ma position mais l'autre grand maître s'exprime en des termes qui laissent penser que la création d'un tel fichier, moyennant retouches, aurait son approbation. On connaît la suite : Edvige est enterré. Je rends hommage à la ministre qui a su écouter. Un journaliste m'a demandé après coup : « Et si vous n'aviez pas obtenu gain de cause ? » On aurait continué le combat. C'est sans prétention que je l'écris : quand le Grand Orient tousse, les politiques écoutent. Ils savent qu'ils ont en face d'eux des gens honnêtes, nombreux, qui réfléchissent, porteurs de toutes les espérances humanistes du monde.

Nous nous heurtons bien sûr à des murs. Celui du lobby du financement de l'école privée en est un. Alors le combat devient escarmouches de rue. À chaque décret défavorable à l'enseignement public, nous réagissons. Notre force tient à notre structuration, à notre dynamisme, à notre volontarisme, peut-être à notre nombre. Cinquante mille maçons qui ne s'en tiennent pas à la répétition d'un rituel, mais qui s'efforcent d'en retrouver et d'en pratiquer l'esprit.

Absence de vision

Notre influence, puisque l'on nous taxe sans cesse, bêtement, d'influencer, de diriger en sous-main, d'orienter la politique – j'oserais écrire, si seulement! – tient en cette porosité naturelle de la réflexion en loges que l'on va retrouver dans la pratique professionnelle des maçons ou à travers leurs fonctions politiques. Lorsque les frères disposent par leur vote du pouvoir de choisir les candidats en lice, il est naturel qu'ils élisent celui ou celle qui leur paraît le meilleur. Un exemple récent, celui de l'élection du président du Sénat. On nous a assez dit que les sénateurs initiés sont nombreux. Ils ont tous voté pour Gérard Larcher, croyant fervent né catholique puis devenu protestant, mais pas franc-maçon[1]. Pourquoi? Parce que l'homme fait preuve de convictions républicaines.

---

1. Clin d'œil, en passant. M. Larcher a toujours démenti toute appartenance à la franc-maçonnerie, ce que je confirme. Nos antimaçonnistes journalistes si bien informés diront-ils : « Comment croire une telle dénégation ? » Et pourtant...

Le Grand Orient ne « place » pas ses frères partout. De même, les loges ne « servent » pas à faire carrière. Un PDG maçon se sent-il obligé de recruter tel frère qu'on lui recommande? Heureusement non! Il est soucieux avant tout, bien évidemment, de s'entourer de compétences. Quand il s'agit de son entreprise, le copinage et les relations maçonniques pèsent bien peu. Il est beaucoup plus fréquent d'apprendre que telle entreprise, à tel poste, ne recrute que des « HEC ». Qui s'aviserait d'y voir une influence de coterie? Quant aux candidats aux concours de la fonction publique, c'est faire preuve d'une ignorance crasse des procédures que de penser qu'un chef de service franc-maçon puisse, d'une façon ou d'une autre, favoriser frère ou sœur! Affirmer le contraire, c'est entretenir un mythe antimaçon, un de plus. Au Grand Orient même, il vaut mieux ne pas appartenir à la « Maison » si l'on vise des postes de responsabilité administrative. J'ai confié à un chasseur de têtes le soin de recruter le directeur général de l'association. Condition discriminatoire : que le candidat ne soit pas initié. Je suis ravi de ce recrutement. Si, au fil du temps, cette personne exprimait le souhait de devenir apprenti, il lui faudrait signer un renoncement total à se présenter à quelque fonction que ce soit au sein de l'exécutif. L'on ne doit pas être juge et parti.

Alors, comment le GODF remplit-il sa mission sociétale et politique? Mais en proposant des lois républicaines par

« ses » députés et sénateurs, attentifs en outre à ne pas voter celles qui portent atteintes aux principes républicains – mais ce n'est pas suffisant bien souvent pour les contrer, preuve *a contrario* que notre réseau n'est pas si « immense ».

Une autre voie passe par l'audition du grand maître sollicité par les corps constitués, quand je ne prends pas l'initiative du rendez-vous. Qu'il s'agisse de la présidence de la République, du Conseil économique et social, de l'Assemblée nationale, du Sénat, des ministres ou de la Commission européenne, ces groupes de débats ou ces hommes et femmes de décision ne veulent pas se priver des courants de pensée. On consulte donc le grand maître du Grand Orient sur quantité de questions précises, comme récemment les lois bioéthiques, les conditions des détenus dans les prisons ou les droits de l'homme.

Tel est le rôle de la franc-maçonnerie libérale et adogmatique. Accompagner l'homme, en danger permanent, vers le bonheur, malgré lui. Je suis très rousseauiste. La crise économique que nous vivons est une crise de la morale. Il est louable de faire fructifier l'argent si la finalité demeure le bonheur de l'humanité. L'économie sert la vie d'une société d'hommes et de femmes. S'ils se mettent à servir l'économie – ce que la crise a révélé – alors le système libéral est atroce. Il est l'individualisme à tout crin qui oublie la nation. Placer l'homme au centre de l'économie, c'est produire pour que l'homme existe. L'aberration de l'automobile privée de prospective écologique en est un signe. La politique répressive des quotas de pêche en est un autre pour une profession que l'on a obligé à s'industrialiser au nom de la productivité, en l'avilissant. L'âge de la retraite qu'il aurait fallu faire évoluer en douceur, devient, faute d'anticipation, un nouvel écueil politique. Un mot clé : prévoir. Un certain nombre de gouvernants sont coupables de n'avoir pas prévu l'avenir que les maçons, eux, dans leurs loges, élaborent, en adversaires non pas de la consommation mais de l'hyperconsommation qui asservit. Le besoin et l'envie sont les fruits pourris de la seconde guerre mondiale (la surproduction agricole est devenue industrielle et l'on subventionne désormais pour ne pas produire au lieu de donner à ceux qui ont faim).

Oui, un gouvernement de maçons eût alors conduit autrement le progrès humain dans le respect de son électorat.

Une belle assurance, pensez-vous ? Plutôt une certitude née d'un constat. Au fil de l'histoire, l'émergence de la franc-maçonnerie a contribué à améliorer la vie humaine. Je ne dis pas que tout est devenu fabuleux, mais que l'application de nos principes issus de la philosophie des Lumières a permis qu'en de nombreux endroits la vie soit devenue meilleure. L'apport de cette société de pensée est capital : la liberté absolue de conscience exalte les capacités évolutives de chaque être. La méthode maçonnique nous débarrasse des modes de vie figés.

Panser, penser

Depuis plus de deux cent cinquante ans, des hommes ont rejoint le Grand Orient de France, génération après génération. On y trouve les frères qui agissent au sein d'associations profanes et de cercles politiques, je l'ai déjà indiqué. Mais à l'échelle de l'obédience, attitude unique parmi « les » franc-maçonneries, nous travaillons à panser les plaies de la société.

Comment? Par notre Fondation. Née sous l'impulsion d'un grand maître « phare », Roger Leray, en 1986. De quoi quitter un moment les hautes sphères de la spéculation pour en revenir à l'action. La Commission nationale de solidarité maçonnique vient en aide aux frères. La Fondation, elle, s'est donné pour but de participer à la solidarité universelle. Elle panse les plaies de la société et réagit au plus vite devant les détresses psychologiques et financières par des dons en numéraires et des interventions sur le terrain. Elle « pense » aussi les plaies de la société de façon à éviter leur retour. En métropole, c'est en participant aux programmes d'accession pour les élèves de quartiers défavorisés à Sciences Po, Paris et Bordeaux. Ailleurs dans le monde, par des actions en Afrique et en Amérique Centrale. Je cite la plus remarquable, la création d'une école d'ingénieurs et de techniciens supérieurs à Douala, au Cameroun. Une « graine » pour la levée d'une élite africaine formée sur place. Sa mission : défendre ses traditions et leur associer la modernité.

Le fonds associatif de la Fondation de plus de sept cent soixante mille euros gère aussi l'Orphelinat – enfants des frères, épouses des frères disparus. Des subventions, des dons, des legs entrent dans l'actif circulant de la Fondation.

Quoi d'autre ? Ce musée à l'île Maurice. Ces concerts, ces pièces de théâtre à portée sociétale. Sans oublier nos colloques et conférences montés par les loges en France où des non-maçons viennent « penser » avec des frères et des sœurs (tenues blanches fermées – seuls des frères et des sœurs y sont admis) ou, inversement, lorsque des maçons s'adressent au grand public (tenues blanches ouvertes).

Toujours la même dynamique moderne sous nos rituels du passé : définir des principes avant de les appliquer à la société. Tout le contraire de ce à quoi nous assistons parfois. Dernier contre-exemple à la française, la loi Hadopi contre le piratage des œuvres sur Internet, votée, repoussée, revotée, adoptée, retoquée et au final inapplicable. Fallait-il se montrer visionnaire pour comprendre que la gratuité allait livrer le cinéma et la musique sur un plateau numérique au détriment des artistes ? Il fallait, l'on devait, anticiper cette dérive. Au lieu de quoi, l'on est parti du fait sociétal pour imposer des principes économico-moraux sous la loi de la contrainte.

Autre péripétie d'une erreur historique que la méthode maçonnique eût contribué à éviter si les frères du Grand Orient n'avaient été écartés de la *Res Publica* au nom du dogme : l'Europe. Elle naît d'un cri, plus jamais la guerre sur notre continent. Les pères de l'Europe jettent les bases d'une entente économique. Les principes d'une Europe politique – débattus en loges – devaient alors assurer les fondations de ces États unis européens. Mais la vision anglo-américaine l'emporte : les Européens s'en tiennent à la *money*. Oublient les principes. La pensée maçonnique française sera éliminée de l'Europe. Le continent se souvient-il alors de son besoin de fondements philosophiques et de missions transversales ? Le président de la Commission européenne, José Manuel Barroso, se tourne d'abord, à travers le Bureau des conseillers de politique européenne, le BEPA (Bureau of European Policy Advisers), vers les courants de pensée religieuse ! Il faut au Grand Orient, le premier, s'inscrire et agir au sein de cette véritable centrale d'intelligence européenne pour que s'entende la voix des francs-maçons. Quels journaux en France évoquent ce BEPA ? Quels Français en ont soupçonné l'existence ? Je rencontre du reste M. Barroso pour évoquer avec lui notre concept de laïcité européenne. Il ne passe pas, comme souvent en Europe, par le « curé ». Il définit un espace de liberté.

Il est temps que les porte-parole politiques en France militent pour l'Europe en « vendant » aux peuples ses acquis positifs.

Comme il est temps que l'on combatte les lois à bas bruit qui sapent le grand principe de séparation de l'Église et de l'État. Le Grand Orient veut l'abrogation de l'accord Kouchner-Vatican. Savez-vous en quoi il consiste ? Si votre réponse est « non », incriminez les médias, son atteinte à la laïcité les a pour la plupart laissés de marbre. Cet accord confère à une puissance étrangère – en l'occurrence le Saint-Siège – la reconnaissance de la valeur des grades et des diplômes canoniques – théologie, philosophie, droit canonique – ou profanes délivrés par des établissements d'enseignement supérieur catholiques reconnus par le Saint-Siège, et de faciliter les différents cursus universi-taires... Or rien n'oblige la France à reconnaître les diplômes délivrés par les établissements confessionnels sur son territoire. Les grades universitaires, au nom de la loi de 1905 confirmée en 1984 par le Conseil d'État, sont un monopole d'État. Il est inacceptable que ce même État abdique son droit de regard sur le contenu scientifique de ces formations. Même question pour la loi Carle. Savez-vous que les communes qui n'ont pu scolariser les enfants sur leur territoire sont tenues de les scolariser ailleurs, au besoin dans des écoles privées, avec obligation pour elles de financer cette scolarité !

« La nature crée des différences, la société en fait des iné-galités ». Cet aphorisme de Tahar Ben Jelloun, la franc-maçonnerie du Grand Orient s'en empare pour travailler à rendre ces inégalités les moins injustes et les moins criantes possibles. Voilà à quoi sert le Grand Orient. Nous ne nous contentons pas de prêcher la bonne parole. Nous consti-tuons une formidable multinationale humaniste.

VI

GRANDE MAÎTRISE

Je n'ai pas d'ego.

Mon entourage peut bien sourire, lui qui côtoie l'homme au caractère affirmé qu'il connaît. En réalité, ce fameux ego, chez moi, est tellement disproportionné qu'il s'est fondu dans l'obédience tout entière. J'ai depuis belle lurette intégré la méthode maçonnique. À force de vérifier que, des échanges et des synthèses, naissent des vérités qui ne sont pas forcément celles que je pressentais à l'origine, j'ai acquis ce réflexe du doute dans lequel se reconnaissent les honnêtes hommes. Je me suis fait une idée de ma fonction : me placer au service de l'obédience. D'aucuns qualifieront la posture de « gaullienne ». Pourquoi pas? Le message de l'obédience est tout.

Des messages, le Grand Orient en irrigue la planète depuis qu'il a conçu la franc-maçonnerie plus large qu'une affaire de développement personnel par l'étude du symbolisme. L'antimaçonnisme « bling bling » fait la fine bouche : il paraît que les francs-maçons n'apportent plus grand-chose à part leur obsession récurrente de la laïcité et de l'« euthanasie » (le mot est choisi à dessein alors que nous parlons de « dépendance de fin de vie »). Il est vrai que composer trois cents pages à partir de poubelles après y avoir jeté pour obsolètes des principes sans lesquels ces mêmes auteurs ne jouiraient pas de la liberté républicaine se révèle sans doute plus aisé.

La laïcité, rien de neuf ?

Ce manque de culture républicaine m'effraie. Il n'existe au contraire rien de plus moderne que cette vision franco-française d'une nation souveraine où l'État et l'Église sont séparés[1], où l'État garantit la liberté individuelle – y compris celle de publier des sottises –, où l'individu est affranchi des servitudes. Il fut un temps, dans les écoles de la République, où l'instruction civique – qui avait remplacé la morale religieuse – apprenait aux élèves ce qu'était la laïcité voulue par la Révolution : elle repose toujours, en France, sur les droits naturels de l'individu que sont la liberté, la propriété, la sûreté, la résistance à l'oppression. L'instituteur ajoutait que ces droits étaient « inviolables, imprescriptibles, inaliénables ». Et il citait l'article de la Déclaration des droits de l'homme qui en découlait : « Tous les hommes naissent libres et égaux en droit... »

---

1. Et le premier garantissant la liberté de la seconde. Le frère maçon Gambetta, dont on a retenu la formule « *Le cléricalisme, voilà l'ennemi* », ajoutait : « *Ne dites donc pas que nous sommes les ennemis de la religion, puisque nous la voulons assurée, libre et inviolable.* »

Si je poursuis mon petit cours d'histoire, c'est pour rappeler que la laïcisation de l'État était à l'œuvre dès 1791 avec l'appropriation de l'état-civil jadis propriété du clergé, et que Condorcet — frère maçon — avait déjà établi l'émancipation de l'instruction alors confiée à l'Église. Une première « séparation » avant la grande loi de 1905. Jules Ferry et l'école primaire obligatoire affirment le rôle vital de la laïcité de l'enseignement : former des citoyens critiques, à même de protéger les valeurs républicaines en en comprenant les fondements.

La laïcité, mot intraduisible

Ainsi, au lieu de dévaloriser ce fruit énergisant de la pensée maçonnique, les journalistes qui estiment que les grands maîtres du GO n'ont rien de nouveau à proposer pourraient enquêter un tant soit peu avant d'écrire de telles contrevérités. J'ai dit plus haut que des entorses graves au principe de séparation Église-État avaient été consenties. Le devoir des maçons est de rappeler sans cesse aux pouvoirs publics qu'ils ne sauraient tolérer l'aseptisation rampante de ce principe fondamental et qu'ils ne sont pas dupes de la montée en puissance de communautés qualifiées de culturelles quand elles se révèlent cultuelles. Pour l'État, subventionner des lieux de culte c'est détourner la loi. Il fut un temps où, association philosophique, le Grand Orient bénéficiait de subventions publiques. Je m'y oppose désormais. C'est pourquoi je ne retiens des déclarations du président de la République que le constat partagé de l'empreinte des religions sur la société. Il a raison d'en souligner l'importance. Il aurait tort de les laisser guider la nation à quelque titre que ce soit. De telles dérives nuiraient à la République. Elles seraient la porte ouverte au communautarisme, à la xénophobie, à la stigmatisation, à l'individualisme.

Face au cultuel, la laïcité n'est pas un « vide » !

Elle est une force spirituelle. Qu'est-ce qu'une spiritualité ? Un schéma de pensée qui tend, sur le plan moral, éthique et sociétal à donner des repères à nos courtes vies. Elle n'est pas le propre exclusif d'une religion. La spiritualité adogmatique s'enrichit de la réflexion, de la confrontation, du débat, de l'expérience de toutes les cultures. La spiritualité d'un laïque se définit par sa propre construction, sa dynamique. Est-ce trahir le bouddhisme, par exemple, que de constater que celui qui le pratique ne médite qu'avec lui-même ? Qu'il ne se confronte pas aux autres ? Que sa « voie » lui est unique et personnelle ? Notre *gnothi seautón* (connais-toi toi-même) maçonnique implique une communication, une chaîne, dans laquelle un maillon n'arrivera pas seul au progrès.

Pour la France, ce que je demande au président de la République c'est de ne pas clore le débat. Il a le droit de revendiquer une vision personnelle. Mais il a le devoir d'écouter les autres prises de position qui lui donneront le moyen d'en tirer une synthèse. À la façon maçonne : arriver au mieux, au beau. Il aura, comme nous le disons en franc-maçonnerie, « gagné son salaire »[1]. En revanche, les maçons du Grand Orient lui ont exprimé leur désaccord après l'emploi de l'expression malheureuse de « laïcité positive » apparue dans son discours à Saint-Jean-de-Latran, en décembre 2007. La laïcité n'est ni négative ni positive. C'est l'affirmation que la croyance en un ordre transcendant n'est nullement nécessaire pour fonder le lien politique. Sous une tournure apparemment méliorative, parler de « laïcité positive » revient à vider la notion de laïcité de son contenu.

Il l'a exprimé pareillement quand le Parti Socialiste au pouvoir a promulgué des lois en rupture avec la laïcité. Une façon de répondre aux bons apôtres qui veulent à tout prix que soit validée l'idée selon laquelle la franc-maçonnerie avait écrit le programme socialiste de 1971.

Enfin, j'ai eu l'occasion de prendre parti, à l'Assemblée nationale, sur l'une des questions du moment, le port de la burqua. À l'extérieur, il n'est pas un élément confessionnel de l'islam. J'ai estimé devant les députés que le port de la burqa asservissait sans nul doute la femme qui la portait, assujettie à une relation de soumission vis-à-vis de

---

1. Cette expression de métier exprime le gain spirituel qu'un initié tire de son travail en loge.

l'homme, contraire à la Déclaration des droits de l'homme de 1946.

Au sein de l'Europe, la France reste le seul pays où la laïcité s'affirme explicitement constitutionnelle depuis 1946. Pensez-vous que nos voisins soient « laïques » ? Croyez-vous Barack Obama laïque lui qui a juré sur la Bible lors de son investiture ?

• En Allemagne, la constitution affirme le lien transcendant avec Dieu. En Grèce, en Irlande, l'État en appelle à la Sainte-Trinité.

• La Belgique et les Pays-Bas passent par la « pilarité » de la laïcité. Une façon savante de dire qu'elle n'est que l'un des piliers, parmi d'autres, de la société alors qu'en France elle est *le* pilier d'où découlent toutes les libertés.

• L'Autriche, l'Italie, l'Espagne ont institué un régime concordataire (en Italie, l'espace public n'est pas « neutralisé » puisque des crucifix figurent dans les tribunaux). Le Portugal a choisi le concordat avec le Saint-Siège depuis 1940.

Le Traité de Lisbonne, qui avalise la Charte européenne, marque avant tout la liberté de manifester sa religion. Elle cite quatre fois le mot « religion », jamais le vocable « laïcité ». Dans ce texte – si je ne m'abuse repoussé par les Français mais imposé sans vote –, la liberté de conscience n'est évoquée que pour garantir la liberté de croire et d'exprimer sa foi, en public et en privé.

Le grand maître du Grand Orient, lui, ne veut pas « marteler » l'exception française. Il choisit d'accepter le dialogue, de dépasser le débat et les définitions... byzantines. La laïcité européenne devient, dans nos échanges avec José Manuel Barroso, une façon de s'écouter, de se comprendre, d'avancer ensemble dans les valeurs de l'humanisme. Bien sûr, vous retrouvez ici encore la méthode maçonnique. Il n'existe pas *une* conception de la laïcité européenne. Il faut bien la définir ensemble puisque la logique de l'Union européenne a choisi l'intégration et non la coopération. Au fait, au lecteur qui a levé le doigt à l'énoncé du mot « laïcité », je réponds : il a été forgé sur le *laos* grec, autrement dit, le peuple indivisible. Une religion d'État qui ne représenterait pas la totalité des citoyens est inconcevable.

Cuisine dogmatique et dépendances

L'un des autres axes spirituels de ma grande maîtrise a pour objet la dépendance de fin de vie. Les contempteurs des engagements sociétaux de mon obédience réduisent ces réflexions de nos loges à l'euthanasie. Petit coup de pied de l'âne supplémentaire pour ne retenir que la question du suicide assisté et de ses dérives possibles. La fin de vie et la dépendance, la bioéthique, le respect de la vie humaine, l'accès à la maternité, au bonheur, à la procréation, le système de santé publique tout entier se réduisent soudain à un mot suspect. La réflexion menée au Grand Orient plonge ses racines dans un terreau constitué il y a plusieurs années. Son sujet, c'est la vie, avec la bioéthique. La fin de vie est plus que jamais cette période la plupart du temps très courte que ceux qui vont « passer la porte », « rejoindre l'Orient éternel », risquent de ressentir abominable. Il ne s'agit pas de précipiter l'issue, il s'agit de la rendre la plus douce possible grâce à un dialogue avec le patient et la famille. J'ai été médecin réanimateur. J'ai prolongé des vies au nom d'un espoir illusoire. J'ai réfléchi à ce processus dans le cadre de la méthode maçonnique. Elle enseigne toujours le même principe : le respect de la liberté absolue de conscience de celui ou celle qui va mourir.

Je suis toujours frappé par les sous-entendus qui freinent l'adoption de lois humanistes. Lorsqu'il s'est agi d'encadrer légalement l'avortement, ses adversaires ont crié que la loi pousserait à avorter. Réfléchir à une disposition législative sur la fin de vie fait se dresser ceux qui clament que tous les mourants seront euthanasiés, que le crime va s'organiser. Très bien. Pour éradiquer le vol, abolissons la propriété, ne produisons plus rien. Interdisons à un mourant catholique de choisir de mettre fin honorablement à ses jours parce que son système dogmatique de pensée le lui interdit. Ce n'est pas l'individu que l'on respecte, c'est sa religion qu'il ne faut pas mettre en échec.

Avant l'issue fatale, s'ouvre la période de dépendance – à l'exclusion de la dépendance psychiatrique ou économique. Possiblement très longue, dix ans, plus, parfois. Elle se caractérise par la perte de l'autonomie. Aucune loi ne veille au respect de ces personnes. Depuis la canicule de 2003, on se contente par exemple de mettre les maisons de retraite « aux normes ». La plupart du temps, sur les subsides publics, l'on se contente de climatiser la pièce commune, comme le préconise un rapport en la matière. Donc, en cas de risque, regroupons les personnes âgées, parquons-les au réfrigérateur. Où est passée la dignité humaine ? Elle s'est refroidie soudain au nom des moyens financiers. L'important est que la personne fragile ne meure pas dans sa chambre surchauffée. Quant aux soignants, peu importe leur éthique.

Ces deux exemples des thématiques humanistes que j'ai choisi de privilégier au cours de mon mandat ne forment que des repères, des guides de pensée pour le travail des loges. Chacune choisit le contenu de ses réflexions. Mais au terme de ces « travaux dirigés », c'est l'obédience qui offrira à la société française le fruit de réflexions menées dans la discipline que l'on sait. Des projets de loi en naîtront. La souveraineté nationale les adoptera ou non. Mais le travail se poursuivra. Un grand maître donne des impulsions. Il veille à ce que les axes de ses prédécesseurs soient poursuivis aux côtés de ses propres priorités. Si celui qui vous succède assure le relais aux voies que vous tracez, vous devenez éternel plus sûrement qu'un académicien. Les voies que j'ai choisies sont davantage celles d'un médecin qui ne saurait trop recommander de veiller à ce que notre société se soigne aussi de ses propres maladies dogmatiques.

Parmi les autres choix qui sont les miens figure la main tendue à ces obédiences et aux loges de par le monde, unies par le principe libéral et adogmatique. J'ai décidé de beaucoup voyager[1]. Peut-être parce que, Marseillais, j'ai la mer devant mes fenêtres. Sans doute aussi pour l'amour de ma loge, répertoriée sous le numéro 1715 dans les registres du GO, Pythéas[2]. Pour rappeler enfin que si le soleil ne se couche jamais sur le Grand Orient, c'est bien parce que cette obédience n'a rien à voir avec celles pour lesquelles la franc-maçonnerie se limite pratiquement à la France et à l'Afrique.

Mes périples sont en général plus chauds que ceux de Pythéas. Mon bureau commence à ressembler à un petit musée de la fraternité : ce bateau m'a été offert par les huit loges de l'île Maurice. Cette pierre aux qualités énergisantes provient de mon ami grand maître du GO latino-

---

1. Pour satisfaire la curiosité des amateurs de budgets et pour servir la transparence, que l'on sache que trente mille euros ont été votés pour ces déplacements.
2. Ce navigateur explorateur parti de Massalia vers 340-325 avant J.-C. a décrit les phénomènes polaires, la vie des tribus celtes de la Grande-Bretagne actuelle et des tribus germaniques des rives de la mer du Nord et peut-être de la mer Baltique, vraisemblablement a-t-il accosté au Groënland, sur la route de l'étain.

américain. J'écris dans la revue du Grand Orient portugais. Je participe aux travaux de la Grande Loge d'Italie. Je raffermis nos relations avec Israël et le Liban et j'ai créé des liens amicaux avec tous ces grands maîtres. Je reviens enthousiaste d'Amérique Andine. J'y ai rencontré des êtres fiers et gentils, aux prises avec une réalité économique difficile. Pour ces peuples héritiers des grands « libertadors », la devise de la République française devient un guide de vie. Le GODF y est reconnu l'initiateur porteur de ces valeurs. J'ai noué des liens très forts avec nos frères du Pérou, de l'Équateur, de Colombie, attentifs à nos actions. Ils sont avides de partager avec nous un chemin de lumière. La voilà, notre mondialisation : quelque deux cent quarante obédiences partenaires ou avec lesquelles existent des accords d'amitié.

Gérer en bon patron

Une grande maîtrise évoque plutôt la dimension philosophique d'une obédience. Mais je suis aussi, comme mes prédécesseurs et ceux qui prendront la direction du GODF après moi, le président du conseil de l'ordre du Grand Orient. Autrement dit, le « PDG de l'entreprise » dans le registre managérial. Dans ce rôle, il m'est demandé de gérer rigoureusement les finances de l'association, le fonctionnement des loges, afin de permettre à chacun de s'épanouir. Je le répète : dans cette non-église, dans cette non-secte qu'est la maçonnerie adogmatique, les frères restent des humains que la « grâce » n'a nullement transcendés hors les tenues. La vigilance reste de rigueur.

Le grand maître qui m'a précédé a entamé une réforme intense pour en finir avec les dérives gestionnaires de frères oublieux de leur mission. Avec la cessation d'activité de la filiale d'édition très déficitaire, Edimaf, et la reprise en main de la Sogofim, filiale gestionnaire de notre parc immobilier, nous en avons fini avec les errements du passé. Je parachève la réforme du Grand Orient côté gestion. J'ai signalé déjà le recrutement d'un directeur général non-maçon, dont je me loue régulièrement. Il assure une pérennité dans la gestion quotidienne de notre obédience. Il est en outre le directeur de la SAS Sogofim dont le Grand Orient est l'actionnaire. Avec cent cinq sites hébergeant des temples dans toute la France et un budget de fonctionnement de l'ordre de quatre millions d'euros, cette société par actions simplifiée, forte de cinq salariés – et d'un architecte – gère le patrimoine immobilier (évalué à une centaine de millions d'euros) dans une visée mutualiste. Elle se porte acquéreur des biens destinés à accueillir les temples, elle entretient, rénove, puis loue les locaux aux loges demanderesses (cent cinquante loges possèdent leurs temples en propre). Pas question pour les quatorze conseillers de l'ordre du comité de direction, dont je fais partie, de gérer en vue de réaliser des profits. La mutualisation nationale des charges parvient désormais à limiter à quatre-vingt-sept euros par frère et par an la quote-part des bâtiments en plus de sa capitation (bien sûr les loges propriétaires ne cotisent pas). Les obédiences partenaires profitent de cette mutualisation.

Avec le président actuel de la Sogofim, nous avons entrepris la rénovation du siège historique de la rue Cadet. Au confluent de l'activité maçonnique et gestionnaire, prend place le grand et très beau projet du musée de la franc-maçonnerie française qui sera inauguré en décembre 2009. Il a été pensé par mon frère Alain Bauer, continué par mon prédécesseur Jean-Michel Quillardet, et je le mets concrètement en œuvre. Sa portée ne se limite pas à un acte architectural. Premier musée maçonnique du monde, il marque le développement de la franc-maçonnerie libérale et adogmatique. Il est le conteur de ses origines et de son histoire moderne. Les techniques audiovisuelles de pointe montreront l'évolution de la société humaine et le progrès de l'humanité sous l'impulsion maçonnique. Il rappellera les souffrances des frères, aujourd'hui si vite minimisées. Tâche exaltante. Au sens que nous donnons au mot, elle aura donné, à tous ses acteurs, leur salaire.

Je l'ai sous-entendu au début de ce livre-vérité, ma candidature n'a eu de sens que parce que j'éprouvais le besoin impérieux de pacifier, rendre le calme à une obédience où les laxismes de gestion et les coups de force au conseil de l'ordre ont pu nuire par le passé à notre mission. À juste titre, des frères s'étaient émus du climat putschiste antérieur à l'occasion duquel des frères oublieux de leur devoir s'épuisaient en de vains conflits de pouvoir.

Quant à la gestion humaine...

Je suis parti du principe que le Grand Orient se devait d'agir pour le bien-être de ses salariés. J'essaie de me comporter en « bon patron ». On me parle, j'écoute, je reçois des courriers. Je cherche la conciliation. Il y a encore peu de temps, avec ma franchise de Marseillais, j'ai eu l'occasion de dire à ma façon à deux frères en conflit qu'ils étaient tous les deux dans l'erreur (je l'ai exprimé d'une manière plus verte). Ce qui a suffi à vider leur querelle. Au fait, le Grand Orient ne « recrute » pas par mailing. L'on vient à nous parce que nous affichons nos principes. Sachez qu'un candidat doit s'attendre à ce que son initiation débute près d'un an après le dépôt de sa candidature.

Aujourd'hui, le Grand Orient de France travaille dans la sérénité.

GRANDE MAÎTRISE N'EST PAS GRANDE PRÊTRISE ET SECTE N'EST PAS MESSE

La religion, me dit-on parfois, obéit aussi à un rituel en vue de protéger des valeurs, tout comme la franc-maçonnerie. Certes, mais dans l'espace d'un dogme puisque c'est une idéologie. Au cours d'une messe, le prêtre célèbre une tradition. On y assiste donc bien, passif, à une répétition rituélique.

Quant aux sectes reconnues comme telles, grâce au travail acharné des députés Catherine Picard, Alain Vivien et du sénateur Nicolas About, elles ne sauraient se prévaloir d'une quelconque sympathie ni compréhension de la part du Grand Orient. Que certains antimaçons nous aient allègrement rangés dans le même sac en espérant jouer avec la méconnaissance du public ne nous donne pour autant aucune raison de les épargner. À partir des années soixante-dix, et en prenant la précaution de vérifier au cas par cas qu'il s'agit bien de mouvements aliénants et privatifs de liberté mentale, le Grand Orient a combattu avec énergie les sectes sans les comparer aux religions.

AVENIR

VII

LA FEMME, AVENIR DE L'HOMME

Le père de Louis Aragon, franc-maçon, aurait pu poser la question à son poète de fils pour lequel « la femme est l'avenir de l'homme » : la franc-maçonnerie est-elle l'avenir de la femme ? Le débat est aussi vieux que la maçonnerie elle-même. Pourquoi l'immense majorité des loges maçonniques sont-elles encore aujourd'hui exclusivement masculines ? Pourquoi les obédiences dites régulières, donc par leur constitution allergiques à l'entrée des femmes en loge, en sont-elles toujours à se demander si la moitié du genre humain est « initiable » ou pas ? Même si elles expriment haut et fort l'idée que dans l'absolu rien n'empêche une femme de rejoindre une obédience mixte ou féminine...

Et le Grand Orient ? Notre position mérite une explication.

Voilà beau temps que mon obédience ne se pose plus la question de l'initiation de la femme. Elle est acquise depuis le XIXᵉ siècle. Comment en serait-il autrement puisque nos combats profanes en faveur des droits des femmes dans la société impliquent bien sûr ce principe d'égalité ? Le Grand Orient a toujours reconnu, soutenu et soutient encore l'action de toutes les obédiences mixtes et féminines, tant dans l'hexagone que dans le monde entier. Il participe toujours aux mouvements de lutte pour l'égalité des sexes et particulièrement pour les droits fondamentaux de la femme. Depuis 1974, les loges du Grand Orient sont libres de recevoir les sœurs, à quelque degré que ce soit, lors de leurs tenues solennelles. Mais seront-elles libres d'initier les femmes ou d'affilier des sœurs ? Voilà plus d'un siècle qu'inlassablement les convents reposent la question aux loges. Elles ont jusqu'alors répondu « non ». Or le principe démocratique du vote, au sein du Grand Orient, reste intangible [1].

Au moment où j'écris depuis le Pérou où je suis allé à la rencontre de nos frères de la Gran Logía Constitucional de los antiguos libres y aceptados masones de la República del Perú, j'ignore encore comment va se prononcer à nouveau le convent, en septembre 2009, sur cette adaptation de notre règlement général. Il s'agit tout simplement d'un ajustement réglementaire, non d'un dilemme philosophique ou d'une stagnation sociétale. Les francs-maçons du Grand Orient n'ont, à aucun moment, banni les femmes de leurs travaux. Ils ont limité l'appartenance à

---

1. Le convent valide la question, la renvoie aux loges qui l'examinent pendant un an. C'est au convent suivant que l'obédience se prononce, à la majorité.

leur obédience aux seuls hommes. La nuance, toute théorique qu'elle apparaisse, est de taille : autant la première formulation serait définitive, autant la seconde ne l'est pas. Rien ne prédit l'évolution de ce convent. Je ne tenterai aucun pronostic.

Mais rien ne m'interdit d'évoquer les scénarios possibles.

Si le convent accepte la liberté, pour les loges, d'initier les femmes, alors il nous faudra aménager le règlement général en fonction de ce vote. S'il la repousse, une obligation s'impose à nous : analyser les raisons réelles d'une telle décision collective. Les frères ont-ils « peur » des femmes ? Pas vraiment puisque nous recevons régulièrement nos sœurs en tenues. S'agirait-il d'une réaction négative du convent, outré par l'attitude antidémocratique de certaines loges qui ont bravé les décisions conventuelles ? [1] On peut alors penser que les choses évolueront.

Où sont les femmes ?

Au cœur du débat, une réalité doit nous faire réfléchir : en France, la maçonnerie rassemble onze pour cent de femmes. Seulement ! D'où ces deux questions : est-ce affaire de structures ? Est-ce affaire de motivation de la

---

1. Ce qui défraya la chronique en 2008 quand cinq loges du GODF initièrent cinq sœurs contre la majorité du convent. Des suspensions furent décidées par la justice maçonnique.

part des femmes ? Avec ce constat en toile de fond : la société française ignore jusqu'à l'existence d'une franc-maçonnerie féminine ! La majorité des hommes et des femmes de ce pays tombent des nues lorsque sont citées les obédiences où les femmes sont accueillies, selon des modalités propres à chacune. Permettez-moi ce tour d'horizon nécessaire.

• La Grande Loge Féminine de France est monogenre. Elle fonctionne sur un mode plurirituélique et démocratique.

• La Grande Loge Mixte de France, création du Grand Orient de France (en la personne du grand maître de l'époque, Paul Gourdot), a adopté le même fonctionnement démocratique multirite que le Grand Orient. Elle fédère des loges féminines, mixtes ou masculines, même si la volonté des dirigeants, ces dernières années, est de tendre vers des loges mixtes seulement.

• La Grande Loge Mixte Universelle ressemble beaucoup à la précédente.

• Enfin, la Grande Loge Féminine de Memphis Misraïm pratique un rite unique avec les règles propres qu'implique ce rite.

Pour les femmes profanes, trouver le chemin de la lumière, comme nous disons, n'offre donc aucune difficulté.

Mais quelles sont leurs motivations ?

Un livre entier ne suffirait pas à épuiser la question !

Une part des maçonnes vivent la maçonnerie féminine au plan militant. Militantisme en faveur de la condition féminine comme revendication sociétale. D'où un « recrutement » limité aux militantes.

D'autres – tout comme bon nombre de frères du reste – y puisent une connaissance symbolique et initiatique qui constitue leur motivation.

Mais les « absentes » de la maçonnerie ne se heurtent-elles pas avant tout au manque de temps ? Là où le mode de vie des hommes leur octroie des loisirs, favorables à d'autres engagements, celui des mères de famille engagées dans la vie professionnelle le leur interdit. C'est en tout cas l'hypothèse formulée par des sociologues. Je n'en sais rien. Mais il faudra comprendre. C'est un travail qui devra s'engager dans un avenir proche.

En revanche, je suis sûr d'une chose : les adversaires masculins de l'initiation des femmes tout comme ceux qui y sont favorables se déterminent sur des critères irrationnels ! Mon avis propre n'a pas à s'exprimer. Mais rien ne m'interdit de faire un rêve, que je partage du reste avec la moitié du Grand Orient, avec des sœurs motivées et bon nombre de profanes. Ce rêve, le voici : que la maçonnerie libérale, adogmatique, du monde entier, en réunissant tout ce qui est épars, donne naissance à une structure fédérale unique.

J'y vois de puissants avantages.

Le premier : une fédération du Grand Orient serait la clé pour que chacun et chacune évolue, sur le plan initiatique, au sein de la structure autonome de son choix. Une autonomie de la menée du travail mais aussi de la direction de la branche. Le deuxième : en réunissant ainsi nos forces, notre action sociétale serait décuplée. Or il s'agit pour moi d'une urgence capitale au regard de la crise morale de la société. La franc-maçonnerie libérale et adogmatique doit apporter cette pierre essentielle à la reconstruction d'un monde plus juste, plus éclairé où l'homme se retrouve au centre de la société.

Utopie ?

Pas du tout. Les frères et sœurs du Grand Orient, de la Grande Loge Féminine de France et de la Fédération Internationale du Droit Humain, au long de l'année 2009, ont œuvré ensemble, dans la plus parfaite harmonie, malgré nos différences et nos particularités. Dans le respect mutuel.

Ma pétition est simple : ce travail commun sera la réalité, demain. Travaillons-y aujourd'hui.

ÉTERNEL COMBAT

Entre 1941, année au cours de laquelle Charles de Gaulle déclare qu'« une fois l'ennemi chassé du territoire, tous les hommes et toutes les femmes de chez nous éliront l'Assemblée nationale », et 1944, quand le droit de vote est accordé aux femmes en France par le gouvernement provisoire de la République française, confirmé par l'ordonnance du 5 octobre, les femmes françaises se sont montrées patientes ! Pas toujours du côté des francs-maçons. On cite volontiers le cas de Mrs Aldworth, une Irlandaise curieuse qui épiait par un orifice dans le mur les tenues que son frère, vénérable, accueillait chez lui. Elle fut prise en flagrant délit. Ces messieurs lui ont laissé le choix : l'initiation ou la mort. On devine le parti qu'elle prit face à une telle générosité masculine. De là à parler de franc-maçonnerie féminine... Pas davantage lorsque des veuves représentent leurs époux disparus. Il n'empêche que le siècle des Lumières n'a pas toujours tenu à l'écart des femmes bien nées que la mode de la maçonnerie ne laissait pas indifférentes. Ces messieurs, alors, condescendirent à créer des loges dites d'adoption réservées aux dames, aux rites spécifiques. Au XIXe siècle, cette « tolérance » masculine même se réduisit : les loges de dames survécurent à grand-peine. La plupart du temps sur le ton du pastiche mondain.

En 1880, certaines loges dissidentes avaient bien approuvé le principe de l'initiation des femmes. On en resta au principe. Une journaliste militante, Maria Deraisme, obtint son initiation en 1882 dans la loge des Libres Penseurs. Elle alla jusqu'au bout de son combat. Elle fonda le 4 avril 1893 la Grande Loge Symbolique Mixte de France le Droit Humain qui devint en 1901 l'ordre maçonnique Le Droit Humain. Elle inspire presque immédiatement une loge mixte en Angleterre qui se séparera tout aussi vite de son modèle français.

En France, c'est la Grande Loge de France qui recrée le concept de loges d'adoption féminines. Nulle autonomie : selon les propres mots de leur constitution, ces loges sont « souchées » sur l'atelier dont elles portent le titre. À partir de 1935, le calcul de la Grande Loge qui cherche à se rapprocher de la Grande Loge Unie d'Angleterre consiste à donner leur indépendance aux neuf loges d'adoption d'alors, avec incitation à se rapprocher. Ce sera chose faite après guerre. L'Union Maçonnique Féminine de France finira par aboutir à la Grande Loge Féminine de France. Elle compte aujourd'hui environ douze mille sœurs dans ses loges. À l'exclusion de tout frère.

VIII

CE QU'UN GRAND MAÎTRE N'A JAMAIS DIT

Un grand maître n'est jamais très bavard... au nom de son obédience. De même que les tenues ne donnent en aucun cas lieu à des discussions de politique partisane car chacun garde sa pétition personnelle par devers lui, le grand maître du Grand Orient exprime le point de vue obédientiel quand on le lui demande. L'avis personnel de Pierre Lambicchi est autre chose.

Mais je connais la nature humaine... et la mienne. Pour aller jusqu'au bout de la logique de pensée qui m'a décidé à écrire ce petit livre, je crois utile de laisser ainsi filtrer quelques mots et réflexions qui ne soient pas étouffés sous le blanc-seing d'une communication par trop validée. Contrairement aux sectes, un franc-maçon, comme son nom en atteste, est un homme libre. Plus libre que le patron d'une « grosse boîte » ou d'un person-nage politique qui parle sous le contrôle des ayatollahs de la « com ». Et puis, mine de rien, au fil des chapitres, je me suis volontairement exprimé sans langue de bois. Dire une fois pour toutes que les loges « régulières » où l'on n'entre qu'en jurant sur un livre « sacré » sont étrangères au Grand Orient, et qu'au surplus la plus médiatisée d'entre elles figure aussi au *Guiness des Records* des « affaires » très profanes, voilà qui fait partie de mes libres combats de grand maître. Dont l'un des devoirs est de mobiliser l'obédience.

À propos de l'initiation en particulier et des tenues en général, mes prédécesseurs, au fil des livres qu'ils ont écrits, s'en sont tenus à la porte du mystère de l'alchimie personnelle qui s'opère – ou pas – dans l'intime du maçon. Je partage bien sûr ce constat, et je l'ai à ma façon répété. Peut-être dois-je ajouter à l'adresse des futurs initiés que ce fameux « secret » se vivra en eux à des degrés fort divers. Je n'ai pas envie de promettre des révélations personnelles qui ne sont pas l'essentiel de la démarche maçonnique, tournée vers l'humanité, ses sociétés, et non vers l'individu. Le plus souvent, un apprenti attend beaucoup du moment de son initiation, et certains frères en ressentent vraiment un choc positif. Mais il arrive encore plus souvent que ces progrès intérieurs se montrent infinitésimaux. Le temps est à l'œuvre. Si le parcours dans les loges aboutit à rendre un frère moins méchant qu'il n'était ou moins borné qu'il n'est entré, l'objectif est déjà atteint ! Pour nombre de frères, la maçonnerie réparera l'erreur de casting de leur vie. N'en suis-je pas, moi le « petit chose » de Marseille, le premier exemple ?

De même, je suis frappé par la proximité fraternelle qui unira un vénérable chrétien et un vénérable athée. Je suis un scientifique. La nature nous explique qu'un être naît de deux cellules, qu'il poursuit sa gestation, qu'il vient au monde, qu'il vieillit et qu'il meurt. Je constate qu'après la mort de l'être, son corps se décompose, libère les atomes dont il était constitué qui rejoignent immédiatement le cycle infini de la combinaison des choses. Pourquoi ne pas envisager que ces principes physico-chimiques suffisent à expliquer la façon dont le monde est bâti ? Du temps où l'on croyait avec quelque logique la Terre plate jusqu'au moment où l'on capte l'état de l'Univers à quelques secondes du Big Bang, la notion de Dieu sert à repousser l'incompréhensible. Ainsi, à mes yeux, le Grand Architecte joue les symboles commodes, il évite que la vie ne butte contre un système. Eh bien ? Quand j'aurai ainsi décrit l'athéisme ou l'agnosticisme de Lambicchi, le grand maître, lui, aura dépassé ces concepts. Croire ou pas n'est pas une question. Mon obédience n'en écoutera pas moins la façon dont les croyants en son sein recherchent la vérité. Le doute est notre moteur. La maçonnerie est emplie des valeurs judéo-chrétiennes, et les récits bibliques rejoignent les légendes de nos grades, tout entiers dans le vétéro comme dans le néotestamentaire. Ce qui est important, c'est ce que ça met en œuvre.

Nicolas Sarkozy est-il maçon ? Je sais, je n'ai pas assuré de transition. Mais je réponds pêle-mêle en quelque sorte à quantité de questions quelque peu hétéroclites qui intéressent l'homme cosmique comme le citoyen.

À ma connaissance, non. Il n'y a pas eu un seul président franc-maçon sous la Ve république. Mais, s'excitent les antimaçons, il a signé des courriers avec trois points maçonniques ! S'il a voulu « faire croire », enchaînent-ils, c'est qu'il pense que la franc-maçonnerie est très importante par son influence. Quels contournements tarabiscotés ! Je ne crois pas un seul instant que le président de la République, légitimement élu, ait pensé un seul instant que ce qui ressemble à une scorie de stylo dans une signature rapidement tracée pouvait amuser la galerie des journalistes observateurs.

J'ai rencontré et je rencontrerai encore le président de la République, à chaque fois qu'il en manifestera le souhait, pour faire valoir les positions du Grand Orient, par nature neutre politiquement. À partir du moment où les électeurs ont fait leur choix en l'élisant, ce que je demande à un président de la République c'est de ne pas clore le débat. Je le répète, il a droit bien sûr à des prises de position personnelles, tout comme il a le devoir d'écouter les positions autres. Je ne lui dénie pas la légitimité d'exprimer des préférences pour la spiritualité religieuse. L'important est que nous ayons pu aller le voir pour marquer notre désaccord sur la laïcité dite positive et qu'il n'en ait plus été question, depuis. L'important est le débat, dans la République. Or, il est respecté.

Le 3 septembre, à Marseille, Nicolas Sarkozy prononce un discours qualifié de « républicain ». Je ne peux que me montrer ravi quand un président redit les principes qui ne sont certes pas notre propriété. Les principes républicains appartiennent à tous les citoyens de France. Je devrais même écrire : à toute personne qui vit en France. L'important est dans la façon de les appliquer, et le Grand Orient ne se prive pas d'émettre des réserves quand cette façon ne nous semble pas la bonne. On me dit : un ancien grand maître du Grand Orient de France, Alain Bauer, est l'un des conseillers de Nicolas Sarkozy. Sous-entendu, l'a-t-il inspiré ? Mais je n'en sais rien ! Il existe une vie après la grande maîtrise pour les anciens grands maîtres ! Quant au style du président, il lui appartient. Je comprends parfaitement qu'il se montre hyperactif et qu'il veuille assurer le contrôle de tout. Pourvu que nous gardions notre capacité à demander l'annulation des lois contraires aux principes laïques ou à nous faire entendre lorsque le débat parlementaire n'a pas été respecté. Bien évidemment, le Grand Orient redoute le recours à l'article 49.3 par lequel, depuis de Gaulle, l'exécutif nie le jeu parlementaire. Mais pas davantage nous n'admettons l'obstruction dans les assemblées élues à coups d'amendements de l'opposition, autant d'atteintes à la démocratie. Comme dans nos loges, le débat doit prévaloir. Qui sait? Cet optimum d'une République redéfinie prendra peut-être un jour le nom de... VIe République?

Dans la VIe République utopique de mes vœux, façon Platon, les ministres ne répandent pas leurs conflits interpersonnels sur la place publique. Et chacun s'investit dans sa mission jusqu'au bout, si le président de la République ou le Premier ministre en décide ainsi. C'est pourquoi je suis très critique à l'encontre d'un ministre qui exprime son désir de changer de ministère au milieu du gué avant même d'aller jusqu'au bout de la réforme importante qu'il a engagée. Je ne me prononce pas sur le contenu de cette réforme : une fois encore, j'en appelle au respect de principes. Le citoyen que je suis doit s'identifier à des personnages d'envergure qui placent le service public au-dessus de leur personne. Affaiblir l'excellence du personnel politique, c'est affaiblir la démocratie.

Des principes que devraient se donner, à leur tour, les médias. On a compris à quel point je suis outré par les œuvres antimaçonniques lucratives de certains journalistes réputés sérieux. Je le suis tout autant par l'évolution de la presse en France. Elle oublie parfois le rôle pédagogique que lui réserve la République. Ce rôle, il découle du droit de vote arraché de haute lutte par les démocrates. À l'époque de Jules Ferry, cette liberté avait imposé le devoir, pour un citoyen, de s'instruire. Or la presse est un catalyseur. Nous devons lui interdire de nous tirer vers le bas, ce qui arrive lorsque l'information passe par le petit bout de la lorgnette. Une information-délation est-elle encore du journalisme?

Rêve de grand maître

Le continent noir bat le record des « grands maîtres » par le nombre. Tous les dirigeants ou presque sont francs-maçons. Doublement pour la plupart : ils revendiquent leur appartenance à la maçonnerie anglo-américaine « régulière » dogmatique, mais n'oublient pas de maintenir leurs relations privilégiées avec le Grand Orient. C'est un immense chantier qui me tient à cœur, les actions concrètes engagées ne sont qu'une amorce. L'Afrique tout entière pâtit paradoxalement de ses immenses richesses à cause de l'accaparement qu'elles provoquent! J'ai bien entendu les propos du président de la République française qui semblent traduire cette urgence à agir avec les Africains. Pourvu qu'il partage avec moi ce besoin de « realpolitik » que j'adopte. Au début du mois de mai 2009, je reçois un coup de fil : un émissaire d'Omar Bongo souhaite me parler. Je le reçois rue Cadet. J'ai écouté le testament philosophique de ce chef d'État aux portes de la mort. Il est temps que les Africains entendent le discours de la liberté.

Il est temps aussi que la franc-maçonnerie adogmatique entende la voix de l'union. La sphère politique connaît le Grand Orient. Elle connaît désormais les loges amies, comme le Droit Humain et la Grande Loge Féminine de France, que j'ai voulu associer. Voilà l'un des desseins que je nourris. Un rêve de grand maître. Réunir toute la maçonnerie libérale et adogmatique.

La Fédération du Droit Humain, la Grande Loge Féminine de France, la Grande Loge à son tour quand elle en décidera. On comprend, mais je préfère mettre les trois points sur les « i », que cette offre d'ouverture se limite aux obédiences qui ne font pas de la question de Dieu un préalable et qui ne bornent pas leur action à la bienfaisance.

Le Grand Orient de France, je le redis, rassemble tous les rites. Mon rêve paraît réalisable : fédérer enfin les loges amies sur le dénominateur commun de la liberté de conscience tout en garantissant à chaque membre de cette famille maçonnique œuvrant de concert son indépendance. Mais tout dépend d'un engagement personnel des frères et des sœurs des loges concernées. Ma vision de fédération n'est pas seulement philosophique. Elle inclut très concrètement le souci d'une gestion mutualisée – à l'image de la Sogofim – où le personnel, les bureaux, les locaux seraient communs. Une simple direction veillant à la bonne marche économique du navire suffirait à optimiser l'ensemble. Nos actions républicaines, elles, seraient communes. Quelle efficacité par l'union !

Quand ? Le convent votera-t-il ma motion ? En tout état de cause, si tel n'est pas le cas, un grand maître à venir fera sienne la vision moderne de la franc-maçonnerie.

Dont la mission est intacte.

Que sa vitalité stimule.

Je dispose encore du terme de mon mandat pour tailler ma pierre de grand maître.

Du reste de ma vie pour bâtir.

De l'éternité de l'homme.

Vous aussi.

LES MOTS-CLÉS
DU GRAND ORIENT

La franc-maçonnerie s'est ancrée par les mots mêmes dans un temps immuable où les rites miment l'éternité. Les frères et les sœurs entrent dans un espace sacré qui participe de leur voyage intérieur. Tout au long de cet ouvrage, le grand maître du Grand Orient de France s'est voulu pédagogue en éclairant pour le profane les termes et les attitudes qui n'ont plus rien du secret qu'on a voulu leur faire supporter. Les définitions ne sont que l'écume des choses. L'important est de comprendre que si la franc-maçonnerie puise dans l'ésotérisme symboliste ses images et ses traditions, c'est pour favoriser une alchimie personnelle à l'intention de chaque initié.

Les glossaires et les dictionnaires de la maçonnerie abondent dans les livres et sur Internet. Ce long voyage dans les mots a évité le copier-coller au profit d'un choix limité à l'esprit de la franc-maçonnerie libérale et adogmatique et à l'ouverture de pensée du Grand Orient.

∴

Les trois points si emblématiques n'en finissent pas de surprendre le simple curieux. Ils font partie du système de signes par lesquels les maçons codaient volontiers leurs écrits. Un alphabet largement tombé en désuétude ! Pas les trois points par lesquels aujourd'hui encore les frères abrègent leurs vocables. C'est ainsi qu'un V∴ [Vénérable] Grand Maître signera d'un S∴G∴M∴ [Sérénissime Grand Maître] le discours qu'il adressera à ses Très Illustres Frères Membres du Conseil de l'Ordre du GODF en les saluant d'un « Très C∴FF∴ et SS∴ » [Très Chers Frères et Sœurs].

Ce qui en dit long sur la présence maçonnique universelle, c'est que ce petit caractère triangulé s'est invité sur les claviers des ordinateurs. Il suffit d'aller le puiser dans les caractères spéciaux d'un traitement de texte. Joli exploit à plusieurs siècles de distance.

Absence, assiduité

Les loges ne sont pas des clubs où venir boire un canon (vocabulaire maçonnique passé dans le langage familier, un verre) quand bon vous semble. L'engagement fait partie des devoirs absolus de l'initié.

Accolade, baiser maçonnique

Si l'accolade prend parfois une allure très formelle (comme celle du président de la République à une remise de décoration), on s'embrasse au quotidien sur les joues entre frères et sœurs, exactement comme entre amis ou frères et sœurs génétiques. Plus ritualisée, l'accolade fraternelle prend souvent l'allure de trois baisers, donnés par le vénérable, le premier ou le deuxième surveillant, les deux premiers sur les joues et le troisième sur le front. Si l'on veut.

Adogmatique

L'épithète ne s'applique qu'au Grand Orient et aux obédiences alliées : elles sont les seules à ne pas exiger des impétrants puis plus tard des **initiés** un serment sur la Bible ou sur un « volume de la loi sacrée ». D'où le *a* privatif grec, associé à « dogme » qui se lit « sans dogme, libre de dogme ». La franc-maçonnerie libérale et adogmatique se situe au-delà et en dehors des croyances religieuses. Le terme « libéral » que le grand maître du GO lui associe souvent ne fait bien sûr aucunement référence à un système économique. Son meilleur synonyme serait « humaniste ».

Agape

Repas fraternel pris en commun après chaque **tenue** au restaurant du coin, ou, quand l'obédience en est pourvue, au restaurant intégré, confié le plus souvent à un traiteur (au siège du Grand Orient, rue Cadet, on a ressuscité celui de la taverne anglaise des premiers maçons constitués,

L'Oie et le Gril, où s'est créée, dit-on, la Grande Loge en 1717). Là, plus de **rite**. Les **apprentis** retrouvent le droit à la parole. Les proches, les amis et les conjoints y participent s'il s'agit d'une agape « blanche » (ouverte).

Âge

À la question du rituel « Frère Premier surveillant, quel âge avez-vous ? », l'intéressé répondra invariablement « Trois ans, Vénérable Maître. » À chaque grade correspond un âge symbolique décompté en années. Il n'est donc pas discourtois de demander son âge à une sœur... ce qui équivaut à lui demander son grade.

Anderson, anciens devoirs

Ce pasteur désargenté se voit confier, en 1721, les premières chartes écrites, ou constitutions, qui prendront le nom de *Constitutions d'Anderson*, datées de 1723. Le pasteur s'inspire des « anciens devoirs » *(old charges)* des maçons opératifs. Les historiens modernes réfutent bien sûr les liens que le pasteur inspiré trace entre les tailleurs de pierre (et, bien en-deçà, avec les maîtres du monde depuis... Adam), et la franc-maçonnerie. Mais cet écrit fondamental, pour imaginaire qu'il fût, deviendra un acte politique majeur pour les francs-maçons du monde entier.

Année maçonnique

Pour les maçons purs et durs, nous sommes en l'an 6009. Les racines symboliques de l'ordre maçonnique poussent dans le calendrier hébraïque, ou à peu près. Soit quatre mille ans plus vieux que le calendrier chrétien. Dans un écrit maçonnique, la mention de la date normale suivie des lettres EV désigne l'« ère vulgaire » (ce qui signifie celle de tout le monde). Sinon, le calendrier maçon se réfère à la VL, la vraie lumière. Pour marquer la date de fin d'écriture de son *Grand O*, l'ancien grand maître du GO Alain Bauer a indiqué : « *Orient de Paris* [v. Orient], *le 1er jour du 7e mois de l'ère maçonnique 6001.* »

Apprenti/apprentie

Sitôt le **rite** d'initiation accompli – et si les frères et sœurs votent l'admission – l'impétrant, dit aussi néophyte, entre en loge avec le grade d'apprenti. On nomme parfois cette période l'« enfance du maçon ». Au fil des siècles, elle a duré plus ou moins longtemps. Un an au moins, jusqu'à sept ans. Période durant laquelle il est recommandé – parfois imposé – à l'apprenti de ne pas prendre la parole en **tenue**. Lorsque le **vénérable** ou les **surveillants** en décideront, l'apprenti recevra son **augmentation de salaire** en devenant **compagnon** après le vote de l'**atelier**. Que les profanes ne sursautent pas. Les francs-maçons ne rétribuent pas leurs frères et sœurs! L'augmentation de salaire signifie la progression en grade.

Atelier, *v. loge*

Se confond avec **loge**. C'est la structure fondamentale des frères d'une même loge travaillant sous la direction d'un même **vénérable maître**. Le nom générique des groupes de maçons travaillant en commun, quel que soit le grade.

Augmentation de salaire, *v. Apprenti, compagnon, grade.*

Bandeau

Le masque qui couvre les yeux du néophyte au cours de son initiation. Lorsque le bandeau lui est enlevé et qu'il « reçoit la lumière », il n'est pas rare que le choc du geste emplisse le futur maçon de cette émotion à partir de laquelle il renaît à la vie.

Bleues (loges), *v. Loges.*

Boules de vote

Quand les assemblées ne votent pas par assentiment (main levée), elles se déterminent au moyen de boules noires et blanches, déposées dans des troncs noirs et blancs. Une boule noire signifie « non, je suis contre », et l'inverse pour le blanc. Pour marquer la force du refus, une boule noire vaut quatre blanches. L'impétrant ou la motion sont alors « blackboulés ».

Cabinet de réflexion

Petite pièce où l'impétrant attend le **rite** de son initiation. Il médite en compagnie d'un crâne humain qui lui renvoie l'image de sa mort avant sa renaissance à une autre vie et au thème alchimique de la putréfaction. Aux cloisons, quelques mots et phrases interpellent dans le même sens le futur **initié**.

Capitation

Sur le plan légal, c'est d'abord la cotisation annuelle dont s'acquitte le membre d'une association quelle qu'elle soit (capitation signifie taxe « par tête »). Au Grand Orient, elle s'élève à cent soixante-dix euros auxquels s'ajoutent quatre-vingt-sept euros si la loge loue à la Sogofim, la filiale de mutualisation de l'obédience, son local de réunion.

Chaîne d'union

Elle marque la fin d'une **tenue**, quand les maçons forment un cercle en se tenant par la main. Symbole du lien entre le ciel et la terre, elle traduit l'union de tous les francs-maçons et au-delà s'élargit dans l'idéal à toute l'humanité (c'est la chaîne de la corde à nœuds et ses lacs d'amour). *v. Colonne.*

Circulation

Les **tenues**, dans le **temple**, obéissent à un rituel immuable depuis la création des **rites** et leurs variantes. L'entrée dans le temple commence par celle des **apprentis**, suivis des **compagnons** et des **maîtres**. Chaque **grade** prend place selon ses **colonnes**. Les déplacements, au cours de la tenue, suivent un sens précis.

Ciseau

Outil que l'ouvrier frappe à l'aide d'un maillet de buis pour amincir la pierre ou le bois ou débarrasser la pièce de ses aspérités. L'image s'impose : le maçon va travailler à polir ses défauts, ses préjugés et ses erreurs. Associé au **maillet**, le ciseau devient sagesse. Au ciseau s'associent le raisonnement, l'intelligence, le discernement.

Collier, camail, cordon.

Insignes de fonction d'un officier en loge.

Le cordon est ce ruban qui croise sur le torse d'une épaule à la hanche opposée. Chaque **rite** et **degré** définit l'allure de ce cordon.

Colonnes, *v. Enfants de la veuve.*

Ce symbole majeur en maçonnerie évoque la construction du **temple** intérieur et moral. Le temple en dur, lui, se caractérise par deux **colonnes**, élevées à son entrée à droite et à gauche. Sur l'une, la lettre J (Jakin), sur l'autre un B (Boaz). Trois grenades les coiffent, avec sept rangs de chaînes et une mappemonde *[v. Houppe dentelée].* Ces deux colonnes marquent concrètement la frontière entre mondes profane et sacré.

Compagnon/compagnonne [et non compagne]

Deuxième **grade** de la maçonnerie symbolique, après l'**apprenti**. Il est accordé après son **augmentation de salaire**.

Compas

Croisé avec l'**équerre**, il représente la maçonnerie en général. Symboliquement, il mesure les limites d'action de l'homme. Donc le champ de la connaissance, les frontières indépassables.

Coq

Symbole solaire par excellence, annonciateur du lever du jour, cette image maçonnique est le *sol invictis* romain, la victoire sans cesse renouvelée de la lumière sur les ténèbres.

Convent

Réunion annuelle (en septembre pour le Grand Orient). S'y joignent les délégués de chaque **loge** appelés à voter les quitus et renouveler le **conseil de l'ordre**, dont son président, le grand maître sortant. Au GODF, les mandats sont limités à trois ans, renouvelables une fois après une période de latence d'au moins un an.

Conseil de l'ordre

Instance exécutive des **obédiences**. Présidée par le **grand maître** élu. Trente-cinq conseillers (élus par le **convent** du Grand Orient) y prennent place. Les mandats non renouvelables sont limités à trois ans.

Cordon, *v. Collier.*

Couvreur, couvreuse

Cet officier de la loge siège à la porte du **temple**. Sa fonction rituélique : veiller à ce qu'aucun profane n'entre dans le temple. D'où les expressions « couvrir le temple », le « temple est à couvert ».

Degré, *v. Grade.*

Delta, *v. Triangle*

L'une des appellations conférées au triangle lumineux à l'orient, au-dessus du **vénérable**, par référence bien sûr à la quatrième lettre de l'alphabet grec. Le triangle maçonnique est l'emblème de la science éclairante. Un œil inscrit figure la sagesse (qui voit et prévoit).

Dignitaires

Ce sont les dirigeants de la **loge**. Dans l'ordre, le **vénérable**, le **premier surveillant**, le **second surveillant**, l'**orateur** et le **secrétaire**. Les grands officiers de l'**obédience** sont également dénommés dignitaires.

Le premier surveillant est l'officier plus spécialement chargé de la discipline des travaux et de l'instruction des **compagnons**. Il est amené à représenter le **vénérable maître** en cas d'absence. Le **grand expert**, la **grande experte**, à échelle nationale, répond de la régularité des travaux. Il/elle a un surnom savoureux : le Frère (la Sœur) Terrible.

Le frère aumônier, ou hospitalier, se charge des œuvres de bienfaisance. On le désigne aussi sous le vocable d'élémosinaire.

Élémosinaire, *v. Dignitaires, frère hospitalier.*

Enfants de la veuve

L'expression « enfants de la veuve » puise dans la légende de l'imaginaire maçon. Les « enfants », ce sont eux, les frères, la « veuve » est celle de l'architecte Hiram, haute figure symbolique des bâtisseurs. Le récit de la légende d'Hiram puise dans l'Ancien Testament et les livres de l'historien Flavius Josèphe, Hébreu romanisé au 1er siècle de notre ère. La légende maçonnique a fait son miel de la fin d'Hiram l'architecte.

La symbolique maçonnique a repris la légende. L'accession au **grade** de **maître,** mort symbolique, mime l'assassinat d'Hiram, homme juste et vertueux victime de l'ignorance. Dans le rituel maçonnique, le compagnon futur maître couvert d'un drap noir où est posée une branche d'acacia, répond à la question « Êtes-vous maître ? », par « L'acacia m'est connu ».

Équerre

L'équerre empruntée aux bâtisseurs forme, avec le **compas,** le symbole maçonnique générique le plus connu. Il est l'équilibre et la rectitude.

Franc-maçon, au pluriel francs-maçons, mais franc-maçonne, francs-maçonnes, franc-maçonnerie.

Sa définition, pour le Grand Orient, constitue l'essentiel de ce livre. Une formulation académique pourrait prendre cette forme : « Homme libre et de bonnes mœurs — femme dans les loges mixtes et féminines — qui préfère à toute chose la justice et la vérité et qui, dégagé des préjugés du vulgaire, a reçu l'initiation maçonnique et remplit assidûment les devoirs auxquels il/elle s'est volontairement astreint(e). »

Fraternelle

Assemblées non rituelles de francs-maçons fondées surtout sur des critères de métiers : fraternelle de policiers, d'avocats, de journalistes, ou de francs-maçons que réunissent des préoccupations spécifiques. Les grands maîtres du Grand Orient, de façon générale, les récusent. Ils y voient des intérêts peu spéculatifs et les suspectent d'abriter l'essentiel des dérives que les antimaçons traquent avec zèle. La seule fraternelle qui ait grâce aux yeux de l'actuel grand maître du GODF est celle des parlementaires. Ces élus maçons y débattent de questions sociétales qui enrichiront leurs travaux en assemblées. À la différence des lobbys, la fraternelle parlementaire n'intervient jamais auprès des corps constitués.

Grade

Étape, degré. Les **loges** dites **bleues** connaissent trois grades, **apprenti, compagnon, maître.** Le passage à un grade supérieur correspond à un élargissement de la connaissance des principes maçonniques.

Glaive ou épée droite

Épée à poignée de cuivre, en forme de croix, à lame plate à deux tranchants. Les maçons les utilisent par exemple pour former la voûte d'acier et rendre ainsi les honneurs à un frère.

Enquête

Elle est menée sur un impétrant dès lors que le premier entretien avec le **vénérable** de la **loge** a été positif. Le **vénérable maître** désigne trois maîtres qui vont enquêter chacun de son côté, sans se concerter. Ils rencontrent le profane, se forgent une opinion à son endroit. Ils lui demandent un extrait de casier judiciaire et lui font préciser qu'il n'est ni xénophobe ni antisémite. Leur « enquête » n'emploie pas d'autre moyen que la parole.

Grand Architecte de l'Univers, G.A.D.L'U

Longtemps, la maçonnerie a fondé sa liberté de pensée sur le Dieu de ses pères, le Dieu de la Bible, le Dieu jaloux des Hébreux. Puis, dès le XVIIIᵉ siècle, ces hommes penseurs du bien et du beau ont osé s'affranchir du présupposé divin. C'est ainsi que le Grand Orient de France, au cours du XIXᵉ siècle, s'est émancipé de l'obligation de croire en Dieu et en l'immortalité de l'âme pour former une obédience réellement **adogmatique** : y sont les bienvenus les frères croyants, de toute confession, agnostiques ou athées. C'est ainsi que quelque deux cents loges du Grand Orient se réfèrent encore à Dieu ou au G.A.D.L.'U. Les **obédiences** qui n'ont pas osé franchir le Rubicon ultime de la liberté de conscience s'en tiennent à l'évocation du Grand Architecte de l'Univers, un principe créateur qu'elles ne veulent identifier avec aucune religion. Dès lors, l'invocation « À la Gloire Du Grand Architecte De l'Univers » (A.L.G.D.G.A.D.L.'U.) précède généralement leurs actes officiels et leur correspondance. Libéral et adogmatique, le GODF est aussi en France l'obédience la plus large. La liberté absolue de conscience garde donc toute sa portée.

Grand maître, grande maîtresse

La plus haute charge d'une organisation maçonnique nationale.

Les grands maîtres adjoints et leurs homologues féminins sont traditionnellement en charge des relations extérieures. Ils et elles remplacent le grand maître ou la grande maîtresse s'il ou elle se trouve empêché(e), démissionnaire ou destitué(e). Les G.˙.M.˙. assurent la présidence du pouvoir exécutif (conseil fédéral ou **conseil de l'ordre**) d'une **obédience.**

Hauts grades

Les trois premiers degrés maçonniques – **apprenti, compagnon, maître** – constituent les **grades** fondamentaux. Au fil du temps, la maçonnerie a inventé, imaginé, des « hauts grades ». Pratiqués dans des **ateliers** dits « supérieurs », ils conservent un caractère facultatif. Il n'existe pas de notion de hiérarchie entre les trois grades fondamentaux et les hauts grades.

Heure maçonnique

Heure symbolique conventionnelle d'ouverture et de fermeture des travaux d'une **loge.** Midi pour l'ouverture et minuit pour la fermeture. Peu importe que les travaux commencent à seize heures et se clôturent à vingt heures, par exemple !

Hiram, *v. Enfants de la veuve.*

Houppe dentelée

Frise des murs du **temple,** elle forme de distance en distance des nœuds emblématiques nommés « lacs ou entrelacs d'amours » (au sens de boucles) et se termine vers chaque **colonne** par une houppe. Elle symbolise la fraternité.

Initiation, *lire chapitre I.*

Justice maçonnique

Contrairement à ce que répandent les auteurs antimaçons, les instances autonomes de l'exécutif du GO ne se substituent en rien aux tribunaux de la République ! La chambre suprême de l'**obédience** ne prend en compte que les conflits entre maçons ou entre instances obédientielles. Son rôle est essentiellement conciliateur. Mais elle prononce en cas de besoin des radiations.

Libérale, *v. Adogmatique.*

Loge

Le local consacré aux **tenues**. Par extension, l'ensemble des frères d'un **atelier**. Les **loges bleues** désignent la maçonnerie des trois premiers **grades**. La loge mère est celle où le maçon a été initié.

Loi du silence

Elle porte sur les **signes de reconnaissance** et les coutumes, sur le déroulement des travaux et des délibérations de la **loge**. Un frère ne peut révéler l'appartenance d'un autre sans son consentement. Mais un maçon est libre de se dévoiler.

Maillet, *v. Ciseau.*

Maître

Troisième et dernier **grade** de la maçonnerie symbolique dite **bleue.**

Morceau d'architecture

Exposé oral en tenue. Synonyme : **planche.** De la « planche à tracer » des bâtisseurs où ils dessinaient leurs plans.

Mots de semestre

Chaque grade possède son mot de passe que les frères donnent au frère portier. Il change tous les six mois au Grand Orient de France. C'est le **conseil de l'ordre** qui le choisit. Ils sont constitués par une vertu et un maçon célèbre dans l'ordre de l'alphabet.

Niveau

Emblème de l'égalité, deuxième terme de la devise maçonnique.

Obole

Perçue à la fin de chaque **tenue** ou séance. Déposée dans le **tronc de la veuve.**

Obédience, *v. Ordre.*

Fédération de loges rattachées à une même autorité. Organisme maçonnique national (elle groupe au moins trois loges). Le Grand Orient de France est une obédience. La Grande Loge Féminine de France, une autre.

Orateur, oratrice

Officier de la **loge** responsable de la stricte application des rituels, des statuts et des règlements. Le seul autorisé à interrompre les travaux si la loi est trahie.

Œil (dans le Delta), *v. Delta.*

L'emblème de la conscience et de l'idéal de perfection.

Opérative (maçonnerie)

Par opposition à maçonnerie spéculative, renvoie aux organisations anciennes de bâtisseurs de métier, notamment sur les chantiers des cathédrales. *V. Spéculative (maçonnerie).*

Ordre

Synonyme d'obédience. La franc-maçonnerie est un ordre initiatique. Se mettre à l'ordre : façon rituelle de se tenir dans la loge.

Orient éternel

La façon élégante de désigner la mort d'un frère ou d'une sœur, désormais à l'orient éternel. Autre euphémisme, la « loge d'en haut » où travaille désormais le frère ou la sœur qui a « déposé ses outils ».

Orient

C'est d'abord la partie du **temple** maçonnique en hémicycle, face à la porte d'entrée, relevée de trois marches. Y siègent le **vénérable**, l'**orateur** et le **secrétaire** avec les **dignitaires**. Le mot désigne aussi l'endroit dans la ville où se trouve la **loge** (où règne la lumière). Le **couvreur** se tient à l'occident.

Parole

Elle est accordée par le **vénérable** (au plus trois fois sur le même sujet). Le frère alors se lève, se met à l'**ordre** et s'adresse au « Vénérable Maître... » Les **apprentis** n'ont pas le droit à la parole.

Parrain

Maçon qui présente un candidat. Il s'engage à le suivre jusqu'à sa maîtrise. Tout impétrant est présenté ou se voit attribuer un parrain.

Passeport

Il certifie le degré maçonnique du porteur.

Patente

Autorisation accordée à une loge de travailler sous les auspices d'une **obédience**.

Pavé mosaïque

Le carrelage du **temple** est en partie agencé en carrés noirs et blancs. Symbole de la dualité complémentaire corps et esprit.

Perpendiculaire

L'un des bijoux mobiles de la loge ou bijoux d'ordre, attribut du second surveillant. C'est le fil à plomb. La perpendiculaire évoque la profondeur dans l'observation et la connaissance, la recherche de la vérité, de l'aplomb, de l'équilibre.

Pierre brute

Un des bijoux immobiles de la loge, symbole du travail. L'apprenti dégrossit sa pierre, une façon d'exprimer le perfectionnement moral et intellectuel. La pierre brute des imperfections de l'esprit et du cœur qu'il s'agit de polir.

Planche, *v. Morceau d'architecture.*

Profane

Non-maçon en général. Non-initié sur le point de l'être. Du latin *profanum*, « devant le temple ». En présence d'un profane, un maçon qui souhaite signaler à ses frères que la personne en question n'est pas initiée pourra dire « il pleut » si des indiscrétions sont possibles. Cette même expression indique que le **temple** n'est pas couvert *(v. Couvreur).*

Règle

L'un des outils symboliques. Image du jugement droit, de la philosophie et de l'impartialité. Elle est lisse ou bien comporte vingt-quatre divisions.

Rite

Type de rituel qui se pratique en loge. Il en a existé plusieurs centaines. Parmi les plus connus, le rite français, 'e plus répandu, majoritaire au sein du GODF où se pratiquent en outre le rite écossais ancien et accepté, le rite écossais rectifié, le rite d'York, etc. Le rituel désigne les règles de comportement à chaque **degré** : ouverture et fermeture des travaux, appellations, décors (ornements), **mots de passe** et mots sacrés, les attouchements (signes et accolades rituelles), les pas.

Serment

Un serment est donné à chaque **grade**. Le majeur est celui de l'initiation au grade d'apprenti.

Spéculative (maçonnerie), *v. Opérative (maçonnerie)*

Par opposition à la maçonnerie opérative, désigne la maçonnerie décrite en ce livre, sociétés de pensée (spéculation intellectuelle).

Tablier

Symbole du travail maçonnique bien connu du public. L'un des nombreux objets inspirés par la **maçonnerie opérative**, celle des bâtisseurs médiévaux. Chaque **rite** lui donne sa couleur.

Tableau de Loge (ou tapis de Loge)

Toile peinte porteuse des principaux symboles du degré. Il est étendu sur le **pavé mosaïque** à l'ouverture des travaux.

Temple

Local où se tiennent les cérémonies rituelles. Il est orienté d'ouest en est.

Tenue

Réunion rituelle. À chaque **grade** son rituel *(lire chapitre I)*. Ouverte aux **profanes**, elle prend le nom de tenue blanche ouverte et les maçons ne portent alors pas leurs insignes (leurs « décors »). Fermée, il s'agit d'une tenue blanche qui reçoit un conférencier profane. L'assemblée alors est réservée aux maçons.

Testament

Écrit moral et philosophique que le candidat à l'**initiation** rédige parfois dans le **cabinet de réflexion**. Dernières volontés, certes, mais très figurées : la mort en question est celle de la vie profane du néophyte. Le testament sera brûlé après l'initiation.

Travail

Le mot est fondamental en maçonnerie. Les initiés magnifient le travail, à commencer par celui qu'ils accomplissent sur eux-mêmes.

Triangle, *v. Delta.*

Emblème capital. Trois en un, trois lignes, trois angles et trois points. La figure primordiale de la géométrie et de la mesure des grandes distances. Il symbolise l'équilibre entre l'actif et le passif. Trois est la somme des deux premiers nombres. Il est la matière organisée. Il signifie l'équilibre physique, moral, intellectuel ou cosmique. Nombre de l'apprenti.

Tronc de la veuve, *v. Obole.*

Truelle

Elle symbolise le **travail** bien fait, accompli en **loge**. C'est l'outil qui lie les pierres entre elles. Passer la truelle : pardonner.

Vénérable, vénérable maître (en chaire), **vénérable maîtresse**

La plus haute fonction à l'intérieur de la **loge**. Préside et dirige une loge pour le temps du mandat prévu par la constitution de l'**obédience**.

Voûte étoilée

Le plafond du **temple** figure le ciel au jour du solstice d'été. Il est l'allégorie du temple inachevé. De quoi rappeler aux frères que les travaux intérieurs ne se terminent jamais.

Voyage

Ainsi sont nommées les épreuves d'**initiation** ou les cérémonies d'avancement de **grade**.

TABLE DES MATIÈRES

Cet ouvrage a été composé et imprimé par

C P I
Firmin Didot

Mesnil-sur-l'Estrée

pour le compte des Éditions Du Moment
en août 2009

ISBN : 978-2-35417-060-8

Imprimé en France
Dépôt légal : août 2009
N° d'impression : 96208

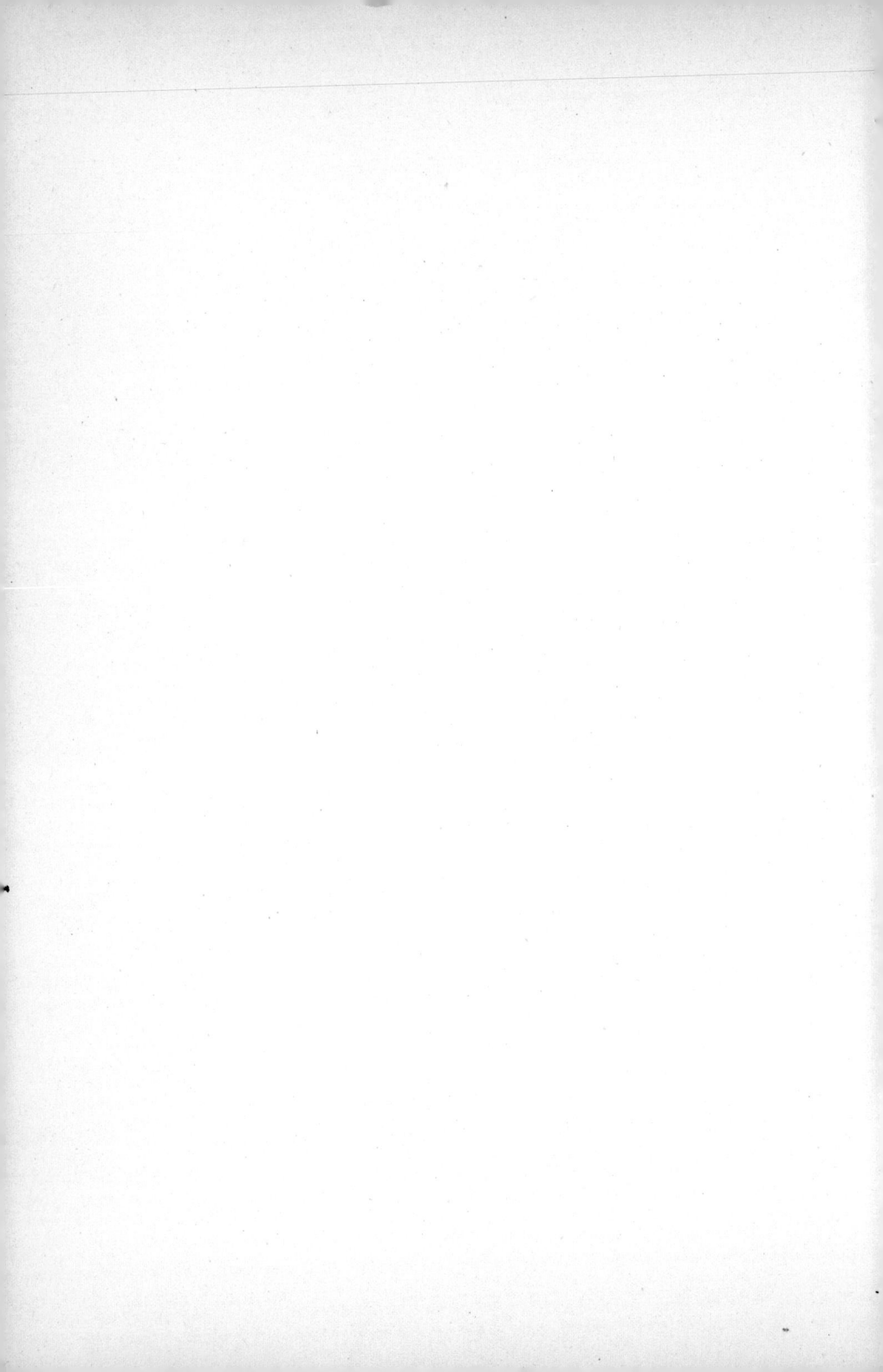